不平等の謎

憲法のテオリアとプラクシス

遠藤比呂通 著

法律文化社

本書を金井愛明牧師と釜ヶ崎の労働者に捧げる

「われわれは、われわれ自身が主体性を持つ意識に目ざめ、現実を把握できるようになるための援助をしてくれる学者の研究には尊敬を払うが、社会学者や人類学者で、自分たちが国内や国際的な学会で注目され、有名になるためにわれわれを『観察』して論文を書く輩の行動は許さない」(1977年2月24日、メキシコ第2回インディヘナ全国人民大会要請文より。黒沼ユリ子『メキシコからの手紙』〔岩波書店、1980年〕所収)。

はしがき——不平等の謎をめぐって

憲法について、話したり、書いたりする機会を与えられるたびに、何を、どのように伝えるかがなかなか決まらず、結局、「私にとって憲法とは」ということを話したり、書いたりすることに落ち着くことになる。本書も、そのような一冊である。

もっとも、本書には、かなり明確なきっかけがある。それは、日本基督教団布施教会の金顯球《キムヒョング》牧師から一冊の本を頂いたことである。その本は、哲学・神学者のパウル・ティリッヒの『永遠の今』であった。二〇〇五年の夏、済州島の滞在先で読んだその中の一篇「不平等の謎」は、私に、今も解けない、最大の謎を問い掛けてきたのだ。その「謎」からの挑戦に対する、私なりの、精一杯の解き明かしの試みが、本書の中核部分を構成している。

その「謎」とは、「だれでも持っている人には、なお与えられ、持っていない人からは、持っているものまで取り上げられるであろう」（マルコによる福音書四・二五）という不条理が、我々にとって解決不能であると思われるにもかかわらず、我々はそれを受け入れず、なぜ「不条理」として「問い」続けるのか、というものである。

「不平等の謎」の意味と、その解き明かしが、たとえどのようにその可能性が小さくても、挑戦に応えざるを得ない「問い」だと私が考える理由は、本書全体で応えるしかない。そこで、ここでは、「不平等の謎」を問い掛ける文学作品を通して、象徴的に、本書のテーマを説明しておきたい。

＊　＊　＊

文学作品のみが象徴することができる、人生、人間社会の「深さ」というものがあるように思われる。そのことに私が気づいたのは、一〇歳の秋、小学校の図書館の片隅にあった、ジュール・ヴェルヌの『海底二万哩《マイル》』を読んだときだった。放課後読み始めた本に夢中になり、文字通り時が経つのも忘れ、気がついて目を上げると、部屋中に夕陽が指し込み、既に閉館の時間だった。そのときのぞくぞくするような興奮は、今も鮮明に残っている。

それから、五〇歳にもう少しで手の届くところまで齢を重ねた今日まで、何冊もの作品が、その時々の、私の人生の伴走者になってくれた。今、これらの書物を全て列挙することは控えるが、「不平等の謎」を象徴的に指し示すものとして、私が紹介したい小説は、チャールズ・ディケンズの『オリバー・ツイスト』である。

この作品の中で、一九世紀イングランドの「福祉」である「救貧院」について、ディケンズは、次のようにいう。

「この委員会の連中は、非常に賢くて、達識で、哲学的な人々なので、救貧院なるものに注意を向けた時、たちまちにして、普通のものにはわからないような事柄を発見したものだった。つまり、貧乏人というものは、こんなものだ。救貧院こそ、貧民階級のための、公設の娯楽場、金を払う必要のない飲食店であり、一年じゅうただの朝食、昼飯、おやつ、夕飯があり、遊んでばかりいて、働かないですむ、煉瓦と漆喰の極楽なのだ。『ほほう』と委員連中はしたり顔に云った。『これはわれわれの手で矯正しなくちゃいけない。すぐにもそんなことは止めさせよう』そこで、彼らは規則をつくった。つまり、あらゆる貧民は、救貧院にはいって、少しづつ餓死させられるか、それとも救貧院にはいらないで、たちまち餓死させられるか、どちらか一つを選ぶ自由をあたえられたのだ（なぜなら、彼らは決して強制する意志はなかったからだ）」

（中村能三訳、新潮文庫）

ディケンズのこの言葉こそ、「不平等の謎」を我々に問い掛けているように思えてならないのである。

＊　＊　＊

一九九五年の夏、初めて訪れた、日雇い労働者の街釜ヶ崎で、私が「大学で憲法を教えています」と自己紹介すると、一人の労働者が「日本に憲法があるんか」と、問い掛けてきたのである。私にはその問い掛けが、「釜ヶ崎に住む労働者にとって憲法の保障する正義がないということは、日本社会にとっても正義がないということではないか」と聞こえたのだ。

抽象的な正義などというものはない。正義とは常に、誰かにとっての正義なのである。だとしたら、我々学者は「支配者」が考える正義を押し付けることに手を貸す存在にすぎないことになるのではないか。私が本当の正義を学ぶべきは、特権を付与された「象牙の塔」の中ではなく、その人に正義が保障されて初めて、我々の社会が正義を持つといえるような、虐げられている人々からではないか。そのような「問い掛け」であったと思う。

それから一年余りした、一九九六年九月に、私は、仙台の国立大学の教員であることを辞めた。一〇月から一ヵ月ほど日雇い労働を経験した後、金井愛明牧師が主催する「いこい食堂」で、労働者のための炊き出しの手伝いを、住み込みでさせていただいた。その際、金井牧師から、「あなたは若くして教壇から教えてきたから、教える者の傲慢さが身についていると思います。釜ヶ崎でよく学んで下さい」という言葉をいただいた。

一九九七年二月から、後藤貞人弁護士のもとで、一年余り弁護士としての研修を受けさせていただき、一九九八年四月に、釜ヶ崎から数分の場所に法律事務所を開設した。それから、今日まで、弁護士として経験した釜ヶ崎の姿は、文字通り、作家ディケンズが描いた「救貧院の人々」の姿であった。ディケンズがいう「救貧院の委員会の連中」は、「あいりん更生相談所」を中心とした、「福祉」の人々になぞらえることができる。

即ち、現行法は、釜ヶ崎の労働者が仕事ができなくなったとき、「福祉」の世話になり、すこしずつ人格として「餓死」させられるか、「福祉」に頼らないで、路上で文字通り「餓死」するのか、という「自由」を与えているのだ。確かに、「福祉」という正義は決して強制されず、最近になって漸く開設された「自立支援センター」も「シェルター」も、入所退所だけは「自由」である。

＊　＊　＊

このようなことが、人間の尊厳に相応しい、「正義」や「自由」であるはずがない。この怒りと悲しみが、「不平等の謎」の問い掛けの出発点である。

本書は、この問い掛けに至るまでの私の大学教員時代の「テオリア」の軌跡を第Ⅰ部として収録する。

「テオリア」は、中心的自我、人格を持った人間が、出会った世界を意味と構造を持つものとして、「受け入れる」行為を意味するギリシア語である。即ち、第Ⅰ部は、「不平等の謎」という問い掛けを「受け入れる」までの一人の憲法学者の思想の軌跡を扱う。

第Ⅱ部「憲法のプラクシス」は、大学教員を辞め、「釜ヶ崎の弁護士」として行なった「プラクシス」を収録した。

「日本に憲法があるんか」という釜ヶ崎の問い掛けに対する私の解き明かしを中心に、「釜ヶ崎」の問題と不可分であると私が考える被差別部落の問題と、「在日」と呼ばれる人々の問題に対する「働きかけ」を収録している。

「プラクシス」とは、中心的自我、人格を持った人間が、出会った世界を共同体の一員として変えようとする「働きかけ」を意味するギリシア語である。従って第Ⅱ部は、釜ヶ崎、被差別部落、「在日」の問い掛けを、同じ「共同体の一員としての」問い掛けとして「受け入れ」「働きかける」ことを目指した弁護士(代弁者)の試みである。

ところで、「不平等の謎」の最大の原因は、ある社会の一群の人々を「人格」ではなく、「他者」(あるいは「物」)として扱うことにある。そのような状況を理解し、変えていこうとするなら、絶望の中にいるそれらの人々が絶望の中で紡ぎだす問い掛けを「受け入れ」、それらの人々が主体となって「働きかける」ことに参与する以外にない。その場合、「受け入れる」行為と「働きかける」行為とは、日本語の理論と実践、英語のセオリーとプラクティスが示すような別物ではなく、作用に対する反作用のように、不可分一体ではないか。本書が「テオリア」と「プラクシス」という言葉を選択したのは、そのような理由による（「テオリア」と「プラクシス」についてのこのような用法については、パウル・ティリッヒ［土井真俊 訳］『組織神学（第三巻）』新教出版社、一九八四年に依拠した）。

＊　＊　＊

第Ⅰ部の概要は以下の通りである。

「1　憲法訴訟のテオリア――憲法的救済法への試み」は、私が憲法学者として執筆した最初の論稿の「問い掛け」部分を加筆修正したうえで収録した。

人権が侵害された場合に与えられるべき裁判的救済は「いつか、どこかで、誰かに」付与されればよいのではなく、「今、ここで、当事者」に付与されなければならないのではないかというのが、憲法研究者としての私の最初の問題意識であった。

とりわけ、議会制定法である法律に欠如がある場合、裁判官は、当事者に相応しい救済を創設しなければならない。そのための法分野である「憲法的救済法」の探求が必要ではないかという問題提起を行なうことが、この論文の執筆意図であった。

しかし、当時の私は、提訴する「市民」の発意よりも、救済を付与する裁判官の権能の方を、人権の実効化において重要な契機と考えていた。換言すれば、抵抗権としての人権ではなく、国家の自己制限としての人権観が私の憲法思想であった。そのため、憲法訴訟論が何故実際の法実践と結びつかないのかという、問題意識が欠如していた。今回収録するにあたり、この点についての憲法訴訟論の限界を新たに書き加えた。

「2 憲法解釈のテオリア――天皇制の憲法解釈」は、「教育勅語」という「大日本帝国」の「聖典」の批判可能性を肯定した美濃部達吉の「天皇機関説」が、大学で講じることを禁止され、教科書が発禁処分になったことの憲法学者への深刻な意味を指摘した論稿である。

市民の憲法解釈を代弁するはずの憲法学説が、「聖典」を「憲法典」の代わりに神聖視しなければならなくなったことは、学説の批判可能性自体を否定するものであり、「憲法学」の終焉を意味するのではないかという問題提起である。

そのことを踏まえずして、戦後憲法の解釈を行なう憲法学が、国家をまるごと正当化する「国家論」ではなく、「人間の尊厳」に根ざした「人権論」を提示することは不可能なのではないか。美濃部の後継者である宮沢俊義は、東京帝国大学憲法講座にとどまり、侵略戦争を遂行する大日本帝国のために、「アングロサクソン国家のたそがれ」というような戦争協力論文を次々執筆したことをどう受け止めるのかということがこの論稿の執筆の動機の一つであったように思う。

戦後、宮沢が「抵抗権論のなやみ」を発表し、抵抗権の困難さにもかかわらず「抵抗権をみとめないことは、国家権力に対する絶対的服従を求めることであり、奴隷の人民を作ろうとすることである」といい続けたことの意味を、抵抗できなかった憲法学者の良心の叫びとして、受け止めるべきではないかということである。

「3　社会契約のテオリア——神話から契約へ」は、その宮沢が、日本国憲法の正当性を弁明するために提唱した「八月革命説」の現代的意義を問題にした論稿である。

憲法の正当性の根拠が「八月革命」にあるのなら、その革命の主体たる市民はどこにいたのか。主体なき「革命」などあろうはずがないからである。宮沢が、実際の革命の主体を提示できず「日本国国民の自由に表明する意思」（ポツダム宣言受諾についての八月一一日付連合国の「回答」）というフィクションに頼らざるを得なかったとすれば、主体たる市民の確立こそが、戦後の日本社会に突きつけられた大きな課題を意味するのではないか。

そうだとすれば、「一九四五年八月一五日」（ポツダム宣言受諾が公表された日）が、「革命記念日」ではなく、「英霊の日」となりつつある状況に対してそのどちらを選択するかは、日本社会を構成する市民（勿論、「国民」と同義ではない）にとって相互に負う政治的義務の問題として、最も重要なものではないのかと問うた論稿である。

「4　人権宣言のテオリア——『見えない差別』とどうとりくむか」は、一九九五年の国際憲法学会の報告に基づいた論稿である。

差別する側からは「見えない差別」を、どのように可視化するかを問うたものであるが、被差別部落の人々が主体となって行使する「糾弾権」を、市民の抵抗権として位置づける可能性を示唆している。

これらの論稿において、私の視点が「裁判官＝権力者」→「憲法学者＝抵抗できなかった市民」→「革命の担い手＝抵抗すべきだったフィクションとしての市民」→「被差別部落の人々＝実際に抵抗せざるを得なかった市民」に移り変わってきたことが明確になるだろう。

即ち、「虐げられし者が、神の子となるときがきたのだ」という水平社宣言（一九二二年）の思想こそを日本社会の人権宣言として、「憲法のテオリア」の中心に据えるべきだという思想の萌芽が浮き彫りになると思われる。

*　*　*

第Ⅱ部の概要は、以下の通りである。

「1　人間の尊厳のプラクシス――国家と社会と個人」は、憲法学者樋口陽一の古稀に献呈された論文である。樋口に代表されるアカデミズム憲法学が「国家によって初めて個人が析出され、そこにこそ公共性がある」という「テオリア」を提示することを批判し、国家の公共性によって合法的に釜ヶ崎の労働者が路上で「餓死」するという事態から目をそむけず、釜ヶ崎の労働者が人間の尊厳を求めて紡ぎだす「叫び」に参与するプラクシスにこそ「真の公共性」があるのではないかと主張する。

「2　市民性のプラクシス――『逃れの街』釜ヶ崎」は、二〇〇八年一月号の『世界』に寄せた論稿である。

釜ヶ崎にある「あいりん公共職業安定所」が本来の任務であるはずの職業紹介を一切行なわないという違法を指摘したうえで、現在、釜ヶ崎の労働者が市民性（市民であることそれ自体）を否定されつつある現状についての問題提起を行なった。

強制排除で「居場所」を奪われ、住民票を奪われことは、とりもなおさず、共同体の一員であることと自体を否定されることであり、そのようにして死んでいく人々の「人間の尊厳」を回復するプラクシスの必要性を説く。

「3　抵抗権のプラクシス――ゆるやかなカースト社会に抗して」は、被差別部落の正義の問題として、日本社会が選択した「同和対策事業特別措置」の憲法的評価についての論稿である。

憲法的評価は、私人間の問題が「憲法の領域」に原則として属さないアメリカ合衆国との比較ではなく、社会の偏見を除去することこそ憲法の目的と考えた、被差別民出身のアンベドカル起草のインド憲法との比較においてなされるべきではないか。

アンベドカルの憲法では、「積極的差別是正策」とは、国会・州議会の議員、公務員などの法制定者、法執行者に実際にダリット（虐げられた人々）代表が就任するための留保政策である。それはまさに、「差別禁止」のための法制定と法執行が実効性を持つための手段である。

しかし、実際は、議員の選挙が、既に憲法制定前においてアンベドカルの主張したダリットとカースト・ヒンドゥーの分離選挙ではなく、合同選挙になったので、結局は指定カーストであるダリットの利害を代弁する人々が議員になることが非常に困難になってしまった。そのため、差別禁止法ができても差別自体が定義されないなど、制定及び執行レベルでの実効性が確保できなかったのである。

そのような視点からすると、法制定者や執行者ではなく、虐げられた人々自身による抵抗権の行使である「糾弾権」こそ、現代の国際人権法が強調する「差別禁止」のプラクシスとして評価されるべきではないか、という主張を行なっている。

「4　国民国家のプラクシス——安心して共存する権利の条件」は、「在日」と呼ばれる人々の正義こそ国民国家日本の正義であることを、「国籍」という概念のデモーニッシュ性（魔神性）を解き明かすことで、明らかにしようとした論稿である。

美濃部の一九三二年の変節により、国籍法から排除された人々とその子孫が、憲法改正国民投票において、「主権者」として「我ら日本国民」たる資格が付与されるべきではないか。それが、日本社会に安心して共存する権利がプラクシスとなるべき条件なのではないかを問うものである。

これらの四つの論稿において、釜ヶ崎の労働者（多くがホームレス状態を余儀なくされている）、被差別部落の出身者であることを引き受けた人々、「在日」と呼ばれる人々の働きかけに参与することが、「憲法のプラクシス」であることが示されている。

＊　＊　＊

「序　人間の尊厳についての三つのアプローチ」は、「憲法のテオリア」を「良心とは何か」「命とは何か」「自由とは何か」の三つの「問い」の形で示したものである。「結び　プラクシスとしてのエクソダス――人権をいかに学ぶか」は、「憲法のプラクシス」について、出エジプト（エクソダス）という象徴を用いて説明を試みている。

序も結びも、法学部の新入生に対し、私の「憲法のテオリアとプラクシス」を講演したものであり、本稿の序と結びとして、相応しいと考えた次第である。

序の講演については、西南学院大学の遠藤美奈氏（法学部准教授）が執筆して下さった解題を資料として収録させていただいた。遠藤氏を初め、テープ起こしをして下さった柚木良太氏（法学部二年生＝当時）、学生の感想をとりまとめて下さった平井佐和子氏（法学部准教授）に深く感謝する。

結びの講演については、関西大学の小泉良幸氏（法学部教授）に大変お世話になった。併せて感謝したい。

目次

第Ⅱ部 憲法のプラクシス

初出一覧

序　「人間の尊厳についての三つのアプローチ」西南学院大学法学論集第四一巻第一・二合併号（二〇〇八年）一二五～一四二頁

第Ⅰ部

1　「憲法的救済法への試み（一）——基本的人権の法的含意」國家學會雑誌第一〇一巻第一一・一二合併号（一九八八年）七二一～七六五頁

2　「天皇制の憲法解釈——天皇機関説事件の教訓」福音と世界一九九三年五月号（一九九三年）三三～三八頁

3　「神話から契約へ——八月革命は達成されたか」福音と世界一九九五年五月号（一九九五年）二一～二七頁

4　「『見えない差別』とどうとりくむか——国際憲法学会の部会報告を終えて」部落解放第四〇〇号（一九九六年）一五四～一六一頁

第Ⅱ部

1 「国家と社会と個人――或いは公共について」藤田宙靖・高橋和之編『憲法論集――樋口陽一先生古稀記念』（創文社、二〇〇四年）六三九～六六一頁

2 「『逃れの街』釜ヶ崎」世界第七七三号（二〇〇八年）一二五～一三一頁

3 書き下ろし

4 「安心して居住する権利の条件」孝忠延夫・安武真隆編『グローバル市民社会における平和、安全、そして安心』（関西大学出版局、二〇〇九年）二一七～二三四頁

結び 「人権についていかに学ぶか」関西大学法学会誌第五二号（二〇〇七年）二九～四七頁

コラム

1 「憲法は今、だれに聞くべきか――『象牙の塔』から『釜ヶ崎』へ」毎日新聞一九九七年五月一七日学芸欄

2 「釜ヶ崎通信――Kへの手紙」季刊ヘルメス六七号（一九九七年）一五八～一五九頁

3 「『逃れの街』釜ヶ崎の背景」世界ホームページ（http://www.iwanami.co.jp/sekai/2008/01/125wsg.html）

序　人間の尊厳についての三つのアプローチ

はじめに

憲法担当の遠藤美奈先生から、この西南学院大学で、若い諸君に対して、特に人権が侵害された状態というのは、どのような状態に人間を置いてしまうのかということについて話をするように依頼がありまして、お引き受けいたしました。

今日、私が弁護士として一二年間ほど活動している、大阪の西成の話をさせていただくつもりで参りました。ただ、西成の問題というのは、非常に幅広い問題であります。

一つは、日雇労働者とか、ホームレスといわれている人たちの問題。それから、私が事務所を構えている地区は、歴史的には、被差別部落といわれてきた地区でありまして、現在でもそこでいろんな活動が行なわれています。私も、その一員として活動しております。そういった問題もあります。また、西成は、在日韓国・朝鮮人と呼ばれる方々のたくさん居住する地域でもあり、中には、オーバーステイ、つまり日本国から「不法滞在」とレッテルを貼られている人々も多数居住しておられます。

そういった問題をみなさんにどのように説明をしようかと実は頭を痛めておりました。ただ、これは私の杞憂だったようです。というのは、大阪の西成だけではなく、この福岡にも全く同じような問題が存在していて、みなさんの中にも、自分の体験として、あるいは自分の仲間の体験として、そのことを考えている方がたくさんいらっしゃるのではないかというように、先程、学部長とお話をさせていただいている間に感じました。

そこであまり、丁寧に、西成とはどのようなところだ、釜ヶ崎とはどのような状況なのだということをしゃべるのを控えて、いきなり単刀直入に本題に入りたいと思います。

最初に今日の話の種明かしをしておきますと、三つの問いが今日の話の前提になっています。「良心とは何か」「命とは何か」「自由とは何か」という三つの問いです。

ただし、一つひとつの問いは、非常に大きいことですから、みなさんがそこから問いを作るときには、もっと具体的に、自分に即してその問題を立て直す必要があると思います。

私は今、「良心とは何か」「命とは何か」「自由とは何か」という大きな問題の立て方をしましたけれども、それは哲学的に、本を読んで考えた問いではなくて、日々、人々との出会いの中で学んだものです。

このような問いを叫ばずにはいられなかった人々が、実際にいるのです。裁判所や、大阪市や、日本国に対して叫ばずにいられなかった人々です。

私には、その叫びは、今日この西南学院大学のチャペルの後ろの壁にかかっている、そして今でもたぶんかかり続けている、十字架の上のその人に対して、叫び続けられてきたのだと思われて仕方ありません。その三つの問いを、私は「人間の尊厳についての三つのアプローチ」としてみなさんにお話したいと思っているのです。

良心とは何か①

最初に「良心とは何か」ということですが、この問いについて、私に深く考えることを教えてくれた人がいます。

その方は、山梨県立日川高等学校の先生を長年されて、校長までされました。山本昌昭さんとおっしゃいます。この方自身も、日川高校の卒業生です。自分が母校の校長になったときに、いわば、学校の先生としては一番の栄転をされたのですね。校長先生になられたときに、校歌を変えようとされたのです。

死んだ私の父も日川高校の卒業生だったのですが、日川高校の卒業生の多くはこの校歌が好きで、同窓会では必ず歌うというものなのです。うちの父などは、お酒を飲んで酔っ払うと、お風呂の中でよく歌っておりました。

この日川高校の校歌の中に、「天皇の勅」という歌詞が三番に入っています。何と読むかというと、「スメラミコトノミコト」と読みます。

「天皇の勅もち勲立てむ時ぞ今」という歌詞があります。

「スメラミコトノミコトモチ」、つまり、「教育勅語」を戴いて、「イサヲシ」、軍事的な栄光を立てるときは今である、という軍国主義、忠君愛国の歌なのです。

山本校長は、校長に就任されてから、この歌詞が作られ歌われ続けて来た経緯を調べたうえ、この校歌は、戦争が起こる前に、侵略戦争のための教育手段として用いられた。戦前には、教育勅語というものをみなさんに覚えさせて、そしてその内容を軍隊で実践して、天皇のために死なせていく。そういったことのために、この校歌も使われた、軍国主義の主要な武器となった校歌だ、ということに確信を抱くようになりました。

山本校長は、自分が生徒として歌い、そして先生として何年間も日川高校で教え、いわばこの校歌と妥協して生きてきたわけです。しかし、ずっと、彼の良心には棘が突き刺さったままだったのです。

そこで、自分が校長となったときに、この天皇の勅という歌詞を含む校歌を変えよう、この歌を同窓会では歌われても学校では歌わない歌にしよう、そして二一世紀に歌い継がれるのに相応しい新しい歌を作ろうじゃないか、という提案をされました。「新しい歌を主に向かって歌え」

と。

山本校長がそれをやろうとしたとき、誰も賛成はしてくれなかった。校長の決断だけでは変えられない。政治的な力を持っている日川高校同窓会が、「絶対校歌を変えるなよ」といって校長に圧力をかけた。

山本校長が在任中に、高校生による集団万引き事件が起こりました。山本校長は、いろいろ調べた結果、この万引き事件については、生徒は処分をしないということを、決断されました。万引きは、悪いことですし、弁償はしなければいけません。しかし、生徒たちも深く反省しているということで、生徒を一人も処分しませんでした。

そのことを、山梨県教育委員会もいったんは承認したのですけれども、校長が校歌のことをいい出したために、集団万引き事件の責任を取るという形で、山本校長は日川高校校長から転任させられました。

従って、彼の在任中には、この校歌が変えられるということはなかったのです。ところが、卒業生の中に、やっぱりこの校歌教育はおかしいのではないかという人がいました。

日川高校では、もう入る前から、合格通知のときに校歌を覚えて来いということが封筒に入っていて、入学の最初の一週間に体育館に集められ、真っ暗にして歌わせると。上手に歌える人はいない中で、「はいっ！　君、前に出てきて歌ってみなさい」と応援団の諸君がやる。で、やっぱり上手に歌えない。怒鳴りつけたり、蹴っ飛ばしたりすることが最近まであったようですが、上手にみんなが歌えるまで怒鳴りつけられて、一週間でその校歌が歌えるようになる。そこで、「やっと君たちも今日から日川精神が分かった！」と誉められる。

こういった教育を今していいのか。確かにこの校歌教育の後で、生徒が非常に変わると。先輩の自転車を怖くて追い越せない。先生に会ったら、たとえ違う町で会ったとしても、直立不動で敬礼する。先生や先輩には非常に気持ちがいい。だから「日川高校のそういうところが好きだ」という人は結構いますけれども、そういう教育はやめた方がいいのではないかという当然のことを、戦争が終わって何十年経ってもいえなかった、という事態があるわけです。

一人の校長がそれを変えようとしてできなかった。そのときに、卒業生の一人が、他の支援者と一緒に裁判を起こしました。

住民訴訟という、校歌教育に公費を支出する、お金を支出するのはおかしいのだということを訴えて、甲府地裁、そして東京高裁まで裁判が係属しました。

この裁判を起こした人もやはり卒業生で、自分が納得できない校歌を覚えさせられたことをずっと心の傷として持っていた。その方は一之宮さんといいます。彼は今、英語塾の先生をされていますが、この先生が裁判を起こした。

こういう教育はもうやめてほしい。日本国憲法が制定されたときに、天皇の勅、つまり教育勅語は、失効したはずではないかと。

これは一九二九年生まれの私の母に聞いた話ですが、昔の小学生中学生は、「あぁ、やっと授業が終わったよ」とか、「今日の、遠藤の話おもしろくなかったなぁ」とかいったときに、「これで御名御璽《ギョメイギョジ》だね」といったそうなのですね。

「御名御璽」というのは、天皇の名前と天皇の印という意味です。この御名御璽がどうして終わりって意味になるかというのが、教育勅語に関係するのです。

戦前は、校長が、教育勅語を奉読することがありました。重要な集会が行なわれるたびに、直立不動で生徒たちは聞かなければならない。まだ終らないかと我慢していると、最後に「御名御璽」というわけです。天皇の名前と判子。そのために、昔の中学生や小学生は、「やっと終わった」というのを「御名御璽」といったのです。そのくらいみなさん、覚えさせられていた。

しかし、日本国憲法制定後一九四八年六月に、衆議院と参議院は、それぞれ教育勅語の「排除」決議、「失効確認」決議を行ない、教育勅語が憲法第九八条に反し無効であることを確認した。両院は、失効を確認しただけではなくて、各高校・中学校・小学校に置いてあった教育勅語の謄本を回収させました。

日川高校は歌詞の中に、この教育勅語を意味する「天皇の勅」という歌詞をそのまま残したわけです。

やっと戦後何十年も経ってから、裁判が起こったのです。私は、山本校長の依頼により、原告側の代理人になりました。原告らは、この裁判で山本校長を、証人として採用するよう裁判所にいいました。

この裁判の決め手はここなのです。住民訴訟において、住民側と、違法な支出を行なった公務員側（形式的な当事者は知事や市長ですが）が争ったときに、校長や教頭、教育委員会の委員の方々は、被告側の証人として出てきます。しかしこの訴訟では、まさに校歌を変えようとした校長は、自らもそういう教育をした被告側の立場にはあるけれども、そのことを悔い改めたいということで、原告側の証人として立つということを申し出られたのです。

原告側のこの申し出に対して、山梨県知事の側、つまり日川高校の教育に責任を持つ側は、「然るべく」と、「どうぞやってください」というようにいったのです。日川高校校歌の裁判の起こる前に、日川高校、そして次に山梨県の教育委員会、知事に、こういう教育は間違ってるのではないかという働きかけをして、ずっと問題にしてきた人たちがいたのですが、誰もそれに対して火中の栗を拾うということをしない。

つまり自分が、この問題について正しいとか正しくないとか責任を持って判断するのが怖い。「天皇」の二文字が入っている問題ですからね。その問題を避けてきた。原告らが、裁判所にその判断を仰いだときに、裁判所は、この校長の証言を聞いたら、何らかの判断をしなければならないという立場になったと思います。

そこで、原告らが申請して、被告側が「どうぞやってください」といっている証人について、裁判所は採用しませんでした。それどころか、山梨県知事側が裁判所に対して「然るべく」という意見を書面で述べたこと自体を原告側代理人弁護士である私に隠して、結審しようとしました。

そういった過程があって、高裁まで行きました。そこで、我々は何を考えたか。では、自分らで証人尋問をやろうということになりました。山梨県甲府の愛宕町教会という日本基督教団の教会がありますけど、そこで、模擬証人尋問をやったのです。

この教会は、私の出身教会であり、山本校長の所属教会でもあるのです。教会堂のその一室で証言してもらって、テープに録音して、それをテープ起こしをして、裁判所に読んでもらおうとしました。

実際に、山梨県の甲府市にある愛宕町教会で、山本校長の証言をとりました。自分の戦争体験も踏まえた非常に素晴らしい証言でした。

もちろん、普通の裁判の証言と違って、裁判所の前ではありませんし、山梨県知事側が反対尋問をする機会が与えられておりませんので、証拠価値としては確かに低いわけです。それでも、私はこの証拠テープを、山本校長の証言を録音したテープを、裁判所に出しました。

控訴審第一回口頭弁論のときに、東京高裁の裁判長が、「遠藤弁護士、あのー、このテープの最後の方に、何か全然本件とは関係のない牧師の説教みたいなのが入っていたのですが、これはいったいなんですか?」と釈明されたのですね。私は、火が出る程恥ずかしかった。どうしてかというと、証言をとった日に、録音テープを教会堂だからあるだろうと思って忘れてしまったのです。ところがなかった。山本校長が、自分の控えのために持ってきたテープを、「先生、それ使わせてください！」といって録音をさせてもらったのです。山本校長が持ってきたテープというのは、教会の夏季研修会のときにされた説教が、もう既にとってあって、それに重ねてとってしまった。だから、最後の方に説教の一部が残ってた。それを気がつかずに出してしまった、ということだったのです。

私このときに、これは非常にいいなと、つまり、ちゃんと最後まで聞いてくれたのだなと思ったのですね。で、その裁判長は、山梨県知事の代理人に、「裁判所はこの証拠テープをよく聞きました。だからこれ以上証言していただく必要はありませんが、もし山梨県側が反対尋問をされるのであれば、証人採用します、だけどもされないのであれば、このまま結審します」といったのです。

山梨県知事側は、よくテープを聞いていなかったみたいで、もう一回テープを聞いて検討いたしますといって、次回になりました。

第二回口頭弁論で、結局山梨県知事側は、反対尋問はしないということで、終結しました。判決は、残念ながら負けました。たとえ、校歌教育に違法があっても、そのことから校費や人件費の支出の違法が直ちに生じないというのです。一審では、校費のどの部分が、校歌教育に支出されたか特定ができないというのが裁判官の判断でした。

この二つの論点は、住民訴訟を勉強していく中で、必ず出てくる議論です。ただ、判決は、それが日本国憲法の精神を全く没却するような重大な違法があった場合は、支出が違法になることはありうるとしたうえで、校歌の内容の判断に立ち入りました。

「天皇の勅もち勲立てむ時ぞ今」という内容は、「国民主権、象徴天皇制を基本原理の一つとする日本国憲法の精神に沿うものであるか異論がありうるところ」であり、「校歌指導を教育課程に取り入れることの当否についても、十分な議論が必要である」としたのです。

この最後のことは、最もいってほしかったことなのですね。つまり、山梨県も日川高校も学生をどう教えていくかという問題を議論しながら、ほんとにこれでいいのかということを、問答無用ではなくて、議論していくことこそが、日本国憲法の精神であり、それが、教育勅語と最も違うところなのではないかと。

それを裁判所がいった。地元の山梨日日新聞は、「実質的に原告側の勝訴」であると報道しました。社説では「大人だけの論争にとどめず、生徒の教育に生かしてこそ、司法が投じた一石はより意味がある」と論じたのです。

さて、私は、今、「良心とは何か」という問題を、山本校長という教育者の生き様を中心に紹介してきたのですが、日川高校裁判では、実は、裁判官の「良心とは何か」ということが、同じくらい重要な問題になっていたことに、原告の一之宮さんの指摘で気づかされました。

日本国憲法の正文には、二種類あり、日本文の他に英文があるのですね。三省堂の模範六法には、日本国憲法英訳が出ていますけれども、法律の正文は官報で公布されるその言葉ですから、日本国憲法というのは実はofficial gazette（オフィシャル・ガゼット）、つまり英文官報で公布され、日本語の官報でも公布されていますから、正文は二つあることになる。その英文の方の言葉と、日本文の言葉が、何ヵ所か非常に重要なところで意味が違うところが存在します。

英語の先生である一之宮さんが、「遠藤さん。憲法七六条三項の英文を知っていますか？"All judges shall be independent in the exercise of their conscience" 裁判官は、彼女彼らの良心の行使において独立していなければならない。これは、日本文の『独立して職権を行使し』と違っていますね」ということを指摘されたのです。みなさん後で調べてみてください。

英文の意味は、良心の行使において独立していなければならない。その意味は、明快であり、権限あるものが、与えられた権限を正しく行使しなければならない、ということです。

日川高校の校歌問題についていえば、魂を鼓舞し支配するため歌を教育に利用する。実際に歌うということによって参加させ、象徴的な意味を持つ校歌の教育が連綿として行なわれてきた。教育において、魂を支配しようとする問題、それが日本国憲法の精神に反するかどうかが問われた。知事も教育委員会委員長も校長も、一人を除いて逃げてきた。そういった問題に、裁判所が最後、ある証言を聞いてコミットし、かかわってくれた。

Judges は、自分の判断の結果がどんな結果であろうと、憲法と法に基づいてその職権を行使しなければならない。そのためには、何か大事なものが必要なんです。それを conscience、良心というのだ、と。

日本国憲法には二ヵ所、思想良心の自由っていう言葉と、この裁判官の良心という言葉として、良心という言葉が出てきます。みなさんもこれから、法を学び、法を使い、解釈を覚え、司法試験を受けるか、あるいは司法試験以外の形で法とかかわっていって、法学部学生として学んだことをいろいろな形で役立てることになると思います。

その法を使うときに、ただ、権力に流されて、自分では考えず、自分では判断せず、物事をやったとき、我々の国は、どのようなことをしてしまったか。それを私たちは歴史から学ぶことを許されています。しかしそれに対して、ノーということは非常に危険なことだったし、そして今でも変わっていないと思います。

しかしその中で、良心に基づいて責任を行使した校長と、卒業生として裁判を起こすという形で良心に訴えた原告の叫びを、聞いてくれた裁判長がいた。そのことを私は大事にしたいと思います。

ところで、山本校長が、その裁判が終わったとき、私に、「結局遠藤くん、これで校歌は改まるのかね？」と聞くのです。「先生それは、すぐにというわけには参らないと思いますが」「じゃぁ負けたんじゃないか」「いや、そうなんですけど」。

やっぱり、生涯をかけて闘ってきた山本校長は厳しい。一之宮さんの方は、日川高校の校歌に反対して以来、家族からも親戚からも村八分に遭って、結婚式にも呼んでもらえないというような状況だったそうですが、裁判を起こし、判決が確定し、親戚が訪ねてくるようになったそうです。

みなさんも、良心とは何か、について考えさせられる事件をいくつかご存知ではないのかと思います。

例えば、ここ福岡で起こった事件で限ってみても、小学校の通信簿に愛国心評価を記載するという問題があります。西南学院大学の政治学の田村元彦先生がかかわって下さった事件です。君が代を心をこめて歌う、ということが教師に命令されることの適法性が争われている「北九州ころの裁判」もありますし、あるいは、指紋押捺を拒否したため、日本に再入国を拒否された在日韓国人のピアニストの訴訟など、挙げたらきりがありません。

これらは、良心の根幹にかかわる問題だと思いますが、西南学院大学の先生方が研究し、実践されていることですから、ぜひこの続きは、授業で聞いていただきたいと思います。

良心を封じられた人の叫びについて判断する裁判官という立場になったときに、そこにはやはり、責任を持った決断をするために、良心というものが必要なのではないかということを申し上げました。そしてこのための、魂の養成のために大学というものがあるのではないか、と思うのです。裁判官になるために、技術的なことを教える司法研修所の前に、法学部なり法科大学院が存在しているという意味がここにあるのではないか、というように思っています。

人間の尊厳というのは、まず何よりも、この魂の自由、良心の独立の問題なのではないかというのを、今日は、新入生歓迎の意味を込めて、最初にお話したのは、こういった理由からなのです。

命とは何か

次の問題、「命とは何か」。これは実は民法の話でもあるのです。

私は一二年前に弁護士になったのですが、その前にですね、一二年間国立大学で日本国から、つまり税金から、給料をもらって研究教育の仕事をしておりました。遠藤美奈先生と同じ憲法の教員だったのです。

そのうち九年間は、東北大学というところで教員をしていました。このときに、人間の尊厳とは何かということを私に教えてくれたのは実は、民法の先生でありました。

名前を出しますけれども、広中俊雄先生といいます。長年東北大学で民法を教えられた先生なのですが、この先生は実は、被爆者なのです。広島高校、旧制高校にいたときに徴用されて、つまり軍隊の仕事をして、トラックで輸送をするという仕事をしていた。一九四五年八月六日の朝、その基地の建物から整備したトラックで八時何分かに、広島市内に向けて出発しようとしたときに原爆が落とされた。

彼はとっさに、トラックの下に潜り込んで九死に一生を得たそうです。周りのものは全て、校舎も木もなくなっていたが、彼はトラックの下に潜り込んだために、生かされた体験を持っているのですね。

人間の尊厳ということを私は今日の講演のタイトルにしましたが、この人間の尊厳という言葉を一生本当に学問としてやり続けた人がもしいるとしたら、この広中先生なのです。

広中先生はいろいろな研究をされています。警備公安警察の研究とか法社会学とかいろいろな研究をされていますけれども、やはり専門は民法なのです。

民法というのは、みなさん勉強され始めたと思いますけれども、契約とかですね、相続とかですね。財貨つまりお金、金銭を中心とした財貨、財物の財と、貨幣の貨と書きますけれども、財貨が移転をしたり、誰かに帰属をしたりする秩序に関する法律が基本で、それに競争に関する秩序が加わる。

広中先生は、この民法のもう一つの柱に、「人の法」というのがあるといわれています。全ての市民に人格権というのがあるのだということを民法の中心において、そこから、家族法も、生活利益法も考えなければいけない、ということを強調されているのです。

「人格権」。それが前提とする人格秩序は戦前からずっとあったのではなく、二〇世紀の後半、つまり日本国憲法が公布・施行されて以降に、日本には、この人格権を支える人格秩序が成立したのだと。そのことの意義を、その新しさを、みなさん忘れてもらっては困りますよ、ということをいい続けている方なんです(2)。

人格権というのは、民法の規定でいいますと、民法三条一項にあります。「私権の享有は出生に始まる」と。その規定は、明治時代からある規定で、要するに胎児には権利はないという意味の規定だった。胎児には私権、つまりは民法上の権利はないのだということを明らかにするためだけの規定だったと、歴史上はそういわれています。

広中先生はですね、一九四七年憲法が施行され、それを受けた民法の解釈指針として、「個人の尊厳を旨として」（民法第二条）となったことにより、この民法の規定の意味は変わった、といわれるのです。

この規定は、人の生命、人の身体、人の健康、これが最も重要な権利である。そのことを市民社会の法である民法の中心となったということを意味するという、重要な規定になったのであると。

みなさんこれから勉強していかれると、民法の分野でも憲法の分野でも、憲法は国家と市民の法、民法は市民相互の法、というような教わり方をします。私もそういう理解自体に文句をいうつもりはありませんが、民法自体に、人間の権利という意味での人権、人間が人間であるということだけを要件事実つまり、条件とする権利が、民法のいちばん最初の部分に書かれているということは、非常に大事なことなのではないかと思うのです。この見地からは、憲法と民法との違いは、かなり相対化することになる。いずれも、人間の尊厳を法の中心としているのではないか、ということです。

広中先生がそのことで具体的におっしゃっていることは、むしろ民法ではなく、憲法の問題です。

憲法九条というものの存在価値は、人殺しである戦争を止めさせるということにある。まさに人間の尊厳の見地から戦争を放棄することではないか。ここで、広中先生が、人間の尊厳をいわれるのは、視点を国家ではなく、人間に定めるべきだからです。つまり、「戦争放棄というのは、人間が殺すために、殺されるために部隊として編制される軍というもの、つまり常備軍を捨てる話」であり、「戦争とは国家が大金を投じて兵士あるいは非戦闘員たる一人ひとりの人間のしかばねを積みあげながら敢行する冷酷無慚な事業だ」というのです。

「戦争は互いに敵国の人間を……殺すことを当然のこととする国家権力の作用であり、それが人間の尊厳に対する明白な侵害である」という主張をされているのです。

そして、死刑。いろいろな事件が報道されていますが、「こんな奴殺してしまえ」ということをみなさん思われるかもしれない。しかし、死刑を執行する人間の立場に立ってみたら、それは国家というものが死刑を執行するわけではなく、生身の人間が死刑を執行するわけです。人殺しである死刑をさせる、殺人である死刑をさせるわけにはいかないということから、人間の尊厳の見地から死刑を廃止すべきだと。

広中先生は、民法の非常に精緻な解釈論を展開しながら、その根幹にある人間の尊厳を「命とは何か」という人格権の問題にまで突き詰めて考えられているのです。

この「命とは何か」という問題を、私は釜ヶ崎に来てから真剣に考えざるを得ないようになりました。

釜ヶ崎というところは、日雇労働者がたくさん集まる場所ですが、どこで何をいつまでやらなければならないか分からない、危ない仕事をしなければならない、明日雇われるかどうかの保証もない、そういったところで労災事故に遭っても揉み消されてしまう、という厳しい現実があるわけです。

事故に遭って、年をとって、病気になって、働けなくなっても、生活保護窓口では、追い返されてしまう。弁護士がまだ一緒に行ってくれれば、何とかなりますよ。でもそこにかかわる弁護士がほとんどいなかった。自分で窓口に行ったとき何とかならなければ困るのが生活保護だと思います。窓口の人がどのように人の命を考えているかがこれほど重要な制度はないのに、その窓口で実際は、命が軽んじられてしまう。

最近でも、北九州で生活保護を自分から「辞退」させられた人のことが問題になりましたが、それは氷山の一角です。

根幹にある人の命の価値というものを、法律が一番基礎の土台、隅の親石にしなければならない。そのことを、広中先生は説いてきた。被爆者として、自分の父親も葬らざるを得なかった被爆者として、生きてこられた彼の生き様だと思います。

広中先生の戦争の問題が、私にとっては、釜ヶ崎の問題なのです。本当に人の命が虫けらのように失われていくことに対する怒り、そしてそれに対して、何もなし得ない自分たちに対する絶望のようなところから、命とは何かを掘り起こす必要があるというのが、私の釜ヶ崎問題です。

ところで、「道で倒れて誰かの名を呼び続けたことがありますか」という歌詞がありますよね。中島みゆきさんの「わかれうた」の一節です。最近では徳永英明さんが、アルバム VOCALIST

の中で、「わかれうた」を歌っていますけれども、「道に倒れて誰かの名を呼び続けたことがありますか」という歌詞がとても印象に残る名曲です。この歌詞になぞらえていえば、道に倒れて誰かの名を叫び続けることを諦めた人の問題が釜ヶ崎の問題です。

救急車を呼ばれて、救急車で病院に運ばれても、「連絡先はありますか?」「ありません」「あのぅ、今日ここで入院することになりますけれども」といって、その市役所区役所の人たちが呼ばれる。で、病院の部屋に行く。

五人部屋か八人部屋か、みなさんもそういうところに入院されたか見舞いに行ったことがあるとか思います。一ヵ月、二ヵ月路上で寝ていた人が救急車で運び込まれたときに、「あぁ、よく来たね。大変だったね。ここで何とか静養していきなよ」と声を掛けてくれればいいのですが、「臭いなぁ!」「風呂ぐらい入れよ」というかいわないかはともかくとして、そういう視線が飛んでくるわけです。そうしたときに、もう居たたまれなくなって、やはり人間には誇りがありますから、いくら救急車で担ぎ込まれてもそれが嫌で、何度も何度も退院した人を知っています。

私は、弁護士になる前に、日雇い労働者を少しやった後、炊き出しのボランティアをやっていました。いこい食堂というところの二階に住んでいました。ノミとシラミとイタチが友でしたけれども、その前の四角公園におじさんが寝ていて、そのおじさんがあるときやはり救急車を呼んで、病院に運ばれた。でも、次の日にはそこに帰ってきて寝ている。どうしてそうなのかということが分からない。李鍾和《イジョンファ》という私の連れ合いが、キリスト教短期大学に通っていて、そこでやはり住み込みでボランティアをしていましたが、彼女はそのおじさんと知り合いでした。彼女も理由が分からない。なかなか、そのことを話してくれない。ある日分かったんですね。あぁ、気兼ねして居られないのだな。だから次からはもう、救急車から逃げ出して来るようになった。

後で分かったのは、実は、彼は結核だったのです。結核になるとこれは放ってはおけないと。法定伝染病だということで、きちんとした扱いになる。ここには非常に人間の社会の皮肉があります。その彼が和歌山の病院に入院して、私たちは彼に何回か面会に行きましたが、その中で、娘さんがいることや、自分が戦争中中国に行って残虐行為をしてしまったこと、そのことで非常に苦しんでいると。私の連れ合いは韓国から来た留学生だったのですが、自分たちが戦争でしたことをやっぱりぼつぼつと話をされたのですね。

彼は、それだけが理由かどうかは知りませんが、社会からドロップアウトして、何年か日雇い労働をして、娘さんとも何年も連絡を取っていない。娘さんも大変苦労されたと思います。そういった、我々の社会に、道で倒れて誰の名も叫ぶことのできない方々がいる。その叫びをしかし、我々の社会はいちばん聞き取らなければならないのではないかと。そしてそれが、人の命を大事にするということを意味するのではないかと思います。

広中先生が原爆体験から、憲法九条や死刑の問題を最近発言されている。彼は、民法学者の道を選ばれたわけですが、法律の中でも、国家社会が危ない方に進んでいくときに、反対する芽を潰していく公安警察、警備公安警察の研究を非常に大きなテーマとされてこられました。

その広中先生が、自分のいわば禁欲を破って行なった発言が、この憲法九条と死刑の問題だった。

そのことをぜひみなさんも受け止めて、広中先生の論文を読んでみてください。みなさんにとって命とは何か、命を大切にするとはもちろん自分の命がありますけれども、その同じような配慮を、道に倒れて叫ぶこともできない人たちと分かち合うこと。

それは言葉でいうのは簡単ですけれども、そこにはある条件があると思います。そのことが、次の自由とは何かというテーマです。

自由とは何か

来週このチャペルで、元牧師で法学部の教授の方がお話をするということです。案内に、「不良クリスチャン」という自己紹介があって非常に嬉しかったわけですが、こうやって、みなさんの顔を一人ひとり見てしゃべるのは好きな方ですが、目の前にこう十字架があると、なぜか十字架を突きつけられたドラキュラのようで、退治されているのではないかという、気持ちがして居心地が悪いです。

私も一応クリスチャンでありまして、教会に行くたびに、だいたい人の話を聞きます。しかし、人の話を黙って聞くってことが、私、ものすごい苦手なんですね。

教会というのは残念ながら、説教聴いてるときに、なかなか「ちょっと違うんじゃないですか？」

とはいえない。そういうことがいえる、聖書研究会のようなところが好きなのです。それでも、一応洗礼を受けて一二年間、昨日まで、教会に通っております。

昨日（二〇〇八年五月一一日）、ペンテコステという教会のお祭りがありましたよね。みなさんの中にはあまりそのようなことは知りたくないと思う人がいるかもしれませんが、一応この大学の精神であるキリスト教主義、これがどこから生じているかという話をしたいと思います。

イエスという方が、自分の故郷に帰ったときに何といったかということに着目したいと思います。「貧しい人に福音を。捕らわれてる人に解放を。目の見えない人に視力の回復を。圧迫されている人に自由を」（ルカ・四章一八節）といったのです。「今日ここに、私がこの聖書を読み上げた、イザヤ書を読み上げた瞬間この言葉は実現した」といった。つまり何をするために自分がここに来たのか、を宣言したのです。しかも、自分の故郷の人はそれを求めていないということをよく知っていたにもかかわらず、そういった。

四つのことが書かれていますけれども、私がいちばん好きなのが、「自由」という言葉なんです。

「圧迫されている者に自由を」。

この自由とは何か、ということについて、私の好きな言葉があります。さきほど、大学というのは、良心に従う法律家を育てるところだ、と話をしましたが、「遠藤、お前が一二年間やってたときそんなことやってたのか?」というとなかなか自信がないところです。人のことだからいえるわけでありまして、私の授業は、司法試験に全く対応していなかった。むしろ私は、「真理の探究」をするところが、大学だといっていました。

イエスの言葉として、「真理はあなたを自由にする」という聖書の言葉がありまして、ここで、真理が自由と結びつく。その聖書の言葉に根ざして、「真理は我らを自由にする」という言葉があります。

「真理はあなたを自由にする」というのは、これはイエスの言葉であります。イエスと私の関係というのは、十字架とドラキュラの関係ですので、やめておいて、「真理は我々を自由にする」という方がよいでしょう（『自由とは何か』という私の本では前者が「私の最も魅かれる言葉」として引用されていますが、この頃は、自分がドラキュラだということは知らなかったのです）。

国会図書館を作った人が、国会図書館というのは、権力に仕えるためではなくて、我々を自由にするためにあるのだと、このようなことをいいました。国立国会図書館法の前文に出てくる言葉です。

キリスト教にいう真理とは、方程式でも、$E = mc^2$でも、哲学的命題でもなく、一人の人間が真理なんだという、なかなかすごいことを信じているわけですが、その話はぜひ牧師や宗教主事に聞いていていただきたい、相談していていただきたいと思います。私がここでいう真理というのは、学ぶもの、とりわけ、人から学ぶものなのですね。

直接イエスから学ぶという話ではなくて（そのためには、イエスこそキリスト［救い主］であるという信仰が前提となります）、圧迫を受けている人から学ぶものが真理だ、ということを最後にお話したいと思います。

「圧迫されている者に自由を」。

「真理は我らを自由にする」。

真理というのは、圧迫されている者しか知らないものなのですね。いじめを受けたことのない人に、いじめは大変だと分かるのはなかなか難しいものがあります。それと同じように、女性差別は、男性には分からないことが多いですよね。セクシュアル・ハラスメントなどというものはいまだに分かりにくいので、大学でもなかなか頭を痛めている問題です。極端な家庭内暴力、ドメスティック・バイオレンスだって、この十何年前まで、それが本当に圧迫を受けて、自由が圧迫されているのだということを、分かっていながら目をつぶっていたのではなくて、ほとんどの社会の人たちが、それが「まぁ、夫婦なんだからしょうがないでしょう」という一言で片づけていた。

我々の社会が、圧迫されている人間の痛み、苦しみというものに対して、放っておけばこうなってしまうという例だと思います。そういう社会の中で、我々が、今、自由を圧迫されている人の自由とは何か、と問うときに、果して教壇から教えることができるのか、と一二年前に悩んだのでした。

最近実際、みなさんと同じ年頃の少女に起こった事件の話をさせてください。ある日突然、お父さんとお母さんが逮捕され自分も逮捕された。「え！　何にもしてないじゃない」。で、連れて行かれたところは入国管理局。「お父さんとお母さんは黙っていたけれど、実はあなたは日本国籍ではなくて、お父さんとお母さんはビザがないのよ。もう一三年も日本にいるんだけど。そういえば健康保険証ってのを見たことがなかった。風邪を引いたときに何であのように高いお金を払っていたのか」。なるほど。

入国警備官は、少女に、国に帰りなさいと怒鳴りつける。でも「私ここで生まれたんですけど」。しかし、赤ん坊も含めて日本国の制度は「不法滞在」であれば、全部収容することになっている。実際は、仮放免ということで出してはくれますが、恩恵で出してくれる。帰るのが嫌なら、全員収容できる。そういう恫喝がある。そういった中で、お父さんは国に帰る、ということをいわされる。いわされて裁判をすると、「いや、ちゃんと説明して、日本に一三年もいて未成年の子どもがいれば、在留特別許可という制度があって、日本に残れる可能性はあることを、ちゃんと説明しましたよ」といわれる。

しかし、入管が「不法滞在」者を捕まえたとき、そんな説明をすることは、私は一度も聞いたことがない。自分がある日突然逮捕され、日本国から強制送還される立場にあった、難民の子だった、オーバーステイの子だった、ということを体験する前は、日本国が外国籍の人たちに対してどれだけ冷たいことをやっていたか、ということを知らないでしょう。だから、そういった体験をした人たちから、我々は自由の圧迫とは何かを学ぶ必要があるのではないでしょうか。

そのことを私は、金井愛明という牧師から教わりました。金井先生は、同志社大学を出て、二十数歳で牧師になった人です。最初は、堺にある工業地帯で労働者伝道、労伝に行きました。行って何したかというと教会で説教していたわけではなく、労働運動を組合と一緒に組織していた。組織的に活動できる、ストライキができる労働者は非常に有利な立場に立つことができる。だが未組織、つまり組合に入らない労働者は非常に不当な扱いを受けると。そうであるならば、世にある教会の責任、圧迫されている者に自由を与え、囚われている人には解放をというメッセージを届ける教会の責任としては労働運動であると。

金井先生はそういうことをやられていた。ところが、その堺の工業地帯、造船所や製鉄所で事故に遭い、一番危険な仕事をしている労働者が普通の作業服を着ていない。どうもすごく見た目には汚らしい格好をして、やって来るということに気づかれたのです。いつもそういう人たちが、実は釜ヶ崎というところから来るのだと。釜ヶ崎から来るのだということを彼は知って、知ってから何年か後に自らも釜ヶ崎の労働者となって、釜ヶ崎に来られました。

今から四〇年前のことです。そして一年間、労働者として現場で働いた後、そこには本を一冊も持たずに行って、彼は、釜ヶ崎で自分が何をできるか、ということをいろいろ考えた末、釜ヶ崎の労働者と一緒に、友なき者の友となって、酒を飲んで、アルコール中毒症になってしまったのです。これは私にもできそうなパターンなのですけれども、ところが、アル中になった金井先生が、ある日、「金井さん金井さん！　今日フグが入ったで」。公園にたむろして酒飲んでる労働者から誘われた。金井先生はその人たちの仲間だと、自分もその一員だと思ってたわけなのですね。「よっしゃ。どうしても外せない用事があるから行って帰ってくるわ」といって出かけて帰ってきたら、彼らは死んでた。捨てられたフグを拾ってきて、どうも調理経験がある人が拾ってきたみたいなのですが、毒をやっぱり排除してなかった。それで、フグ中毒で死んでしまった。

自分ももし、そこで誘われて一杯飲んでいたら、一緒に死んでいた。そういう危険の中に労働者は生きている。私もそういう同じ真似事みたいなことをして、飲んだくれていたけれども、それでいいのかと。

もう一つは、釜ヶ崎の労働者が多くかかる結核になって、金井先生も入院された。そのときに、自分はここで何かをしようということを諦めた。炊き出しをしたり、おにぎりを握ったり、今でも、昨年（二〇〇七年）一一月にお亡くなりになるまでやっておられましたけれども、そういうことが重要ではなくて、ここで何を学べるか、が重要だと思われた。

そのことを彼は、結核の病棟の中で一冊の本を読むことによって、分かったと。それでその本というのは、これはぜひ、図書館にあると思いますので、読んでいただきたい。その本にある論文をコピーして読んだだけで、私の話を聞いた甲斐が、残りは全部忘れてもあると思うのです。

教育関係の方は聞いたことのある名前だと思いますけど、林竹二という教育学者、宮城教育大の学長や東北大学の教授をされた方ですけれども、この林先生の著書に、『田中正造――その生と戦いの根本義』という本があります。田畑書店というところから出ていますが、その本の中に

「田中正造の初心」という講演が載っています。これは、林先生が、宮城教育大学の学生に対して行なった最後の授業、講演でありました。

田中正造という人は、栃木県の小名主の家に生まれ、農民の生活を守るために、その擁護者として衆議院議員になり、特に足尾鉱毒問題、日本で最初の公害問題といわれる、足尾の鉱毒問題を闘った人です。天皇に直訴するというようなことを経て、最後は、谷中村の農民の一人として、死んでいった。

この田中正造が途中までいろいろな裁判や、政治を使って、日本国家と戦うわけですね。足尾鉱毒というのは単に公害事件だけではなくて、富国強兵政策の日本の根幹にあった政策だった。鋼をたくさん精錬しなければならない。それを担った古河と原敬とか、企業と政治家が癒着して、それを揉み消すと。

多くの農民は、和解案に乗って和解してしまう。でも谷中村の人たちは最後まで闘う。特に、ひどい被害を受けた場所だった谷中村をダムを造って水没させてしまう、つまり鉱毒の証拠を消してしまうということを明治政府は決定します。しかも、農民たちが自分たちで作った堤防の方は壊してしまう。だから、ほとんど谷中村は水没状態になった中に、ただその当時の農村は水害が多かったので、水害のときに引くまで小高い丘を作ってその上に小屋を建てて住んでいた。そういうところで、小さな船で行き来しながら、谷中村の農民が一〇〇人あまり残った。彼にとって、谷中村の農民がそこに残るという決定をしたということが全てだった。

民主党が権力を握るのか、自民党が権力を維持するのか、が、普通我々が考える政治です。しかし、権力は誰が握っても、人民の自由を圧迫することを行なう。そうであるならば、人民が自分の生活を守るためにどういう決定をするか。その決定に従って、人民とともに生きるということこそが政治なのではないか。それが田中正造の生と戦いの根本義だったし、そういう決定を行なった農民から、なぜそこにとどまり、どう闘うかを、そして自由を圧迫されることが何を意味するのか。人間の魂にとってそこに彼らが彼女たちが住み続けることがどういう意味があるのか。そういうことを田中正造は学ぶ立場に変わった。

林先生は、田中正造のこの考え方こそ、日本の民主主義の根本であると考えたようです。ここに抵抗の根があると。これが「田中正造の初心」です。

この本を、病床にあった金井先生は、読むわけです。そして、今まで自分は、人民の擁護者として、何とか釜ヶ崎のかわいそうな人たちを助けてあげたい、という思い上がりの気持ちがあった。でも、本当に釜ヶ崎に来て、どういう生活をし、路上で叫びもなく死んでいくことがどのような暮らしであるのか、ということを彼は釜ヶ崎の労働者から学ばなければならなかった。

それは決して、釜ヶ崎の労働者の一人ひとりが神様みたいに立派な人だということをいってるわけではなく、私たちが気づかない、自由を圧迫されるということがどのようなことを意味するのか、人生の中でそれがどういう苦しみなのかということを彼女たち彼らから学ぶしかないのではないか、という意味だと私は解釈しています。

金井先生は昨年（二〇〇七年）の一一月にお亡くなりになりました。今、釜ヶ崎で一番大きく問われている問題が、釜ヶ崎の労働者、ホームレスの人たちを、市民ということから排除する、つまり、住民票を認めないということです。

このような暴挙が、去年から今年にかけて行なわれています。去年（二〇〇七年）の三月二九日に二〇八八人の労働者、ホームレスの方々の住民票が消されてしまいました。そのときは、まだ簡易宿泊所というところに移れば、住民票を認めてあげるといっていたのですが、その後、簡易宿泊所に住んでいる人たちの実際居住実態がないということが分かれば、どんどん消されていく。生活もしてないのだから住民票がなくても仕様がないのではないか、と。

あるところに一ヵ所定住してずうっと住んでいる人を前提にすれば、そこに何ヵ月か住んでいる、例えば三ヵ月住んでいると、市町村の、あるいは都道府県の選挙権が生じます。そういった同じことをですね、飯場から飯場に移動し、簡易宿泊所から簡易宿泊所に移動し、身元引受人も身元保証人もなく生きていった人たちに要求するということは、「おまえたちはもはや日本の市民ではない」ということを宣言することを意味します。

そのようなことが、今、釜ヶ崎、西成で行なわれています。西成で行なわれたことは必ず、全国的に、例えば監視カメラの例がそうでしたが、全国的に波及されていきます。日雇労働について、労働基準法違反のピンハネを認め、労働条件の明示もなく、不安定雇用をさせていたことが、今、若者への不安定雇用の常態化ということ、中高年層のいつ訪れるとも分からないリストラの恐怖となって全国化しているのです。

自由、真理とは何か。そして、自由を圧迫された者は、本当に命の危険にさらされて生きていかなければならない。そういったことを我々は、もちろん大学でいろいろなことを学ぶことは大事ですけれども、その実際に圧迫された人たちの中から学んでいくという心構えが必要なのではないのかということを最後にお話しました。

おわりに

昨年（二〇〇七年）の一一月一二日に亡くなられた「金井愛明牧師を偲ぶ会」が、釜ヶ崎で、今週の五月一五日、西南学院の建学の日だそうですけれども、釜ヶ崎で行なわれます。

金井先生がお亡くなりになったときに、誰も知らせないのに、釜ヶ崎の人が何人か弔問に来てくれました。その人たちの中には金井先生の顔も見たことがない人もいました。来た方が一様にいっていたことは、自分が警察に逮捕されたとき、家族にも頼れない人たちが多いわけですから、金井先生が保釈の、外に出て身柄を解放するときの身元引受人になってくださったと。そういう方が弔問に来られていました。金井先生は、警察が逮捕するような「犯罪人」であり、家族も見捨てた人たちの身柄を、条件なく、左翼の人だろうが、キリスト教徒だろうが仏教徒だろうが、何であろうが、どんな犯罪であろうが、引き受けていらっしゃいました。

私は、社会が、そして国家が貼るレッテルではなく、その人が人間であるということによって、失われてはいけない権利というのは、本当に大事なものであり、そして最も守り難いものだと思っています。

どうぞ、みなさん法律家になられて、そういった自分の釜ヶ崎を見つけて、やってみてください。今日の私の話はこれで終わります。ご静聴ありがとうございました。

（二〇〇八年五月一二日　於　西南学院大学チャペル）

◉――付　記

講演に対し、学生諸君から貴重な感想と質問をいただきました。全てにお答えすることはできませんが、できるだけ応対をしたいと思います。いちばん多かったのは、良心というものがよく分からないという質問でした。

良心を定義することは難しいのですが（なお註（1）参照）、文学作品に現れた若干の使用例を挙げてみたいと思います。

ドストエフスキーの「カラマーゾフの兄弟」に登場する「大審問官」である悪魔とキリストの対決の中で、悪魔がキリストに次のようにいう台詞があります。

「人間の自由を支配する代わりに、おまえはそれを増大させ、人間の魂の王国に永久に自由という苦しみを背負わせてしまった。おまえが人間の自由な愛を望んだのは、おまえに魅せられ、虜になった彼らが後から自由についてこられるようにするためだった。確固とした古代の掟に従う代わりに人間はその後、おまえの姿を単なる自分達の指針とするだけで、何が善で何が悪か、自分の自由な心によって自分なりに判断していかなくてはならなくなった」

（亀山郁夫訳『カラマーゾフの兄弟』光文社、二〇〇六年、二七四頁）

良心は、キリストの御姿を、自発的に追いかけて行くための判断を行なう、魂の深い部分である、という解釈がこの用例にあるのです。権威とされる世の掟や、教会からも独立して判断を下さざるを得ない場面において、良心とは何かという問題が現れるのです。

もう一つの例を文学作品から挙げてみましょう。

それは、逃亡奴隷のジムを法に基づいて引き渡すことこそ神の意思であり、そうしなければ地獄に落ちると教えられたハックルベリ・フィンが、地獄に落ちてもいいからジムを引き渡すのを止めようと決断をする場面です。

「ジムのことを密告したのは良かった。さもないと俺は地獄に堕ちるところだったとね。それから俺は、次から次へといろんなことを考えた。そうしているうちに川を下ってきた旅のことを考え始めた。そしたら、その間中ずっとジムの姿が目の前に浮かんでくるんだ。昼間のジム、夜のジム、月夜もあったし、嵐の夜もあった。俺たちは筏に乗って流れて行きながら喋ったり、歌ったり、笑ったりした。だけど何故かどの出来事を思い出してもジムが憎めないで、ちょうどその反対の気持ちばかりなんだ。自分が寝ずの番をしたうえに俺が寝てるのを起こしたら可愛そうだからと言って俺の分まで替わってくれたジムが目に見える。……ああ、ジムを密告しようか、助けようか。ああ、どっちにするか。俺、本当に思い迷った。その密告の手紙を取り上げて、手にじっと持ったまま身を震わせていたっけ。だって、どっちにするかここで最後の腹を決めなければならないってことが、自分でも分かってたからだ。しばらく息を殺して考えていたけど――それからこう言ったよ――『よーし、こうなったら、俺、地獄へ落ちてやる。』――そして手紙を破いちまった」

（加島祥造訳『ハックルベリ・フィンの冒険』架空社、一九九七年、四〇三～四〇四頁）

マーク・トウェエインのこの作品のこの部分を、小説家の大江健三郎氏は、小説から倫理的なメッセージを初めて受け取ったものとして紹介されています。戦争中、小学生の時代に図書館の本で読んだハックルベリ・フィンは、大江氏にとって、特別な感銘を受けた作品でした。ハックが南部社会を支配する白人キリスト教から解放されて、「地獄に落ちても」友情を選び取ったように、当時の大江氏も、天皇の善き子ども、赤子であることを断念しようという決意したのだと思います（大江健三郎『あいまいな日本の私』岩波書店、一九九五年、一四六～一四八頁）。

他にも、答えなければならない、たくさんの問題提起があるのです。私が講演終了後、一番気になっていたことは、「人間の尊厳についての三つのアプローチ」について、一つのまとまった理論を提供できなかったことです。それらが相互にどのように関連しているのかということについてです。

講演で喋れなかったことを、私自身の課題としておりますが、もし共通することがあるとするなら、人の考え方の中で重要なのは、理論的に机の上でどうこう考えるかではなく、その思想の持ち主が生涯をかけてその思想に責任を持つかどうかということなのだと思います。

講演で、ご紹介した人物は、このような思想の持ち主だったと思います。

私も、ハックのように、自分の思想に責任を持って生きる生き方を選び取るかを、今も試されている発展途上の人間であるから、まとまりがつかなかったのかも知れません。

（二〇〇八年七月一〇日　記）

（1）　状況倫理という考え方を提起して、大きな衝撃を与えた、ジョセフ・フレッチャーは、「良心」について次のような説明を行なっている。「『良心』とは何かについては、いままで四つの考えが論じられてきた。……ある人は良心を生得的でレーダーのような、人間のもって生まれた能力、つまり直観だと言った。他の者は良心とは決断する者が自分以外の外側から得る霊感（啓示）のようなもの……だと考えた。今日はやりの説は『投入作用』（イントロジェクション）である。この説によれば良心は文化と社会の内面化された価値体系だと言う。トマス主義者はトマス・アクィナスの定義に従って良心を『道徳判断もしくは価値の選択をなす理性』だとみなしてきた。……伝統的な誤りは、良心を動詞として考えずに名詞として考えた点にある。……良心と呼ばれるものは存在しない。『良心』とは、さまざまな決断を、創造的に、建設的に、またふさわしくなそうとするわれわれの試みに対してつけた一つの語にすぎない」（ジョセフ・フレッチャー〔小原信　訳〕『状況倫理』新教出版社、一九七一年、八〇～八一頁）。この見地からすると、「良心の行使に於いて」独立して決断を行なうべし、という日本国憲法英文の要請は、「動詞としての良心」を正しく把握していることになる。

（2）　「人の法」と人格権については、広中俊雄『新版 民法綱要（第一巻）総論』（創文社、二〇〇六年）を参照されたい。「人間の尊厳」の見地から死刑廃止と戦争放棄（常備軍の廃止）を提唱される点については、広中俊雄「主題（個人の尊厳と人間の尊厳）に関する覚書」民法研究四号（二〇〇四年）、同「戦争放棄の思想について――憲法九条を考える視点」『戦争放棄の思想についてなど』（創文社、二〇〇七年）。

【資料】 序の解題

西南学院大学法学部准教授　遠藤美奈

現在の日本は「すべり台社会」と表現されることがある（湯浅誠『反貧困』）。就労の不安定化や、病気などによる稼働困難のゆえにいったん貧困状態に陥った場合、そこから抜け出して生活水準をふたたび上昇させるのが困難だからである。正社員としてフルタイムで働いても貧困から抜け出せない人々（ワーキングプア）や、住まいを借りることさえできずにインターネットカフェなどで寝泊まりしながら不安定就労につく人々（いわゆる「ネットカフェ難民」）の問題が顕在化して久しい。いまやわたくしたちは、「すべり台社会」においては「ホーム」の喪失すらありうることを知っている。

釜ヶ崎はこうした「すべり台」の一つの着地点ともいえる。大阪市西成区にある「釜ヶ崎」地区は、約二万人の単身日雇い労働者が集まるコミュニティとなっている。禁止が検討されている日雇い派遣労働において問題化した「ピンハネ」や「使い捨て」は、ここではすでに恒常的に行われていた。また、経済不況と高齢化（平均五五歳）にともなって、ドヤ（簡易宿泊施設）にも宿泊できず、路上生活を強いられる人々が数千人規模で存在するという。「命」の宿る場所であるはずの住まいがここでは確保されない。住居と住所の得られないことが、最後のセーフティーネットであるはずの生活保護の獲得をも困難にしている。人がそこで呼吸し、存在し、どんなかたちであれ生活を営んでいることの公的な証しである住民票は、公権力によって抹消すらされてしまう。まもられない数々の「生」がそこにはある。まもられるはずの数々の「権利」もまもられないままに。

法律学の教科書は、個々の権利の内実についてはある程度教えてくれるが、それがまもられなかった場合に人間はどのような状態になるのかを必ずしも教えはしない。西南学院大学法学部では、「人権がまもられないこと」の「リアル」について学生に伝えたいと考え、二〇〇八年度新入生歓迎講演会に、釜ヶ崎で弁護士として活動されている遠藤比呂通先生を講師としてお招きした。遠藤先生は、一九九七年に弁護士登録し、大阪市西成区に法律事務所を構えられるまでは、東北大学法学部の憲法学助教授として教鞭をとっておられた。そして今回、法を教える教壇と法を実践する現場での両方のご経験から、人間の尊厳について「良心とは何か」「命とは何か」「自由とは何か」という三つの視座を通して語ってくださった。

先生が最初に取り上げられた「良心」は、それが封じられて初めて、自己のうちにその存在を発見できるものといえるだろう。良心に従わないことは個人にとって苦痛である。しかし一方で、良心の命じるとおりに行動するには、自分の周囲にとどまらず、ひろく社会との間にも生じる大きな摩擦を覚悟しなければならない。それでもなお良心に従って行動できるならば、わたくしたちの魂は自由でいられるのだ。これが遠藤先生の送られた最も力強いメッセージである。そして、自らの良心に従い、良心にもとづいた法的な異議申立てを行う市民だけでなく、申立てを受けて審査を行う裁判官にもまた、良心というものが必要なのではないか、と先生は続ける。それなしには、私たちの魂が自由であることを確保する役割を、裁判所に期待することは不可能であろう。未来の法曹たちの「良心」は、法を技術的な側面から習得する以前に、大学において、豊かに育まれなければならないものなのである。人間の尊厳をまず何よりも「この魂の自由、良心の独立」の問題とする先生の捉え方は、次のことを教えてくれる。すなわち、わたくしたちがいかなる立場にあろうとも、「命」と「自由」を見つめることが、実はわたくしたちひとりひとりに、両者に対する不正義を感知して震える良心の存在を絶えず確認させる作業にほかならないということである。また、人であるがゆえに人にそなわっている尊厳に深く関わるものとして良心を捉えることは、自らにも、他者にも尊厳があるという認識——無意識のうちにも行われうるであろう——のもとに、個々人が互いに尊重し合い、互いの苦難に共振し、互いに信頼関係を築きうる社会の前提条件を示しているといえるだろう。

釜ヶ崎では人の命が「虫けらのように」失われていく。少なくとも日本国憲法の公布・施行後は、法の「いちばん基礎の土台」には人の命の価値が置かれているはずであり、その法は日本社会のどの場所でも、同じように命をまもるものであるはずである。わたくしたちの社会にいる、「道に倒れて叫ぶこともできない」人々の「叫び」を、社会は何よりも聞き取らなければならないのではないか、それが人の命を大事にすることを意味するのではないか、と遠藤先生は問いかける。人間の尊厳が自らに存在することの証明責任は個々人に課せられてはいないし、また、課されてはならない。むしろ、自分以外の他者も含めて、およそ人には尊厳があるのだという認識——仮定でも足りる——のもとに行動しているということが、「道に倒れて叫ぶこともできない」人々を取り巻く個々の市民、あるいは公権力の担い手としてのわたくしたち自身によって示されなければならないのであろう。新しい憲法からわたくしたちに差し出された「新しい歌」は、「叫び」を聞き届ける耳元でこそ、慎ましく、ときにためらいをも伴いながら響く。その耳は、最初に遠藤先生が話されたように、見過ごし、立ち去る社会のあり方に抗することのできる良心の働きである。そして最後に先生は、現行法秩序の「隅の親石」であるはずの、命への配慮を相互に分かち合うためのもうひとつの条件を語るために、「自由とは何か」というテーマを挙げられた。それは先生が一九九三年に世に問われたご著書のタイトルでもある。

ここでの先生のお話には、「真理」と「自由」にかかわる二つのメッセージが込められているように思われた。一つは、まさに先生がおっしゃったように、真理は自由を圧迫されている者にしかわからないのであるから、「圧迫を受けている人から学ぶ」ということをしてみてほしいというものであり、もう一つは、そのようにして真理を学ぶことにより、様々な軛から解き放たれ、自由であってほしいというものである。そこにはまた、魂を自由に保てているがゆえに真理を学びうるという、「真理」と「自由」の相補的な関係も見いだせるであろう。「圧迫を受けている人から学ぶ」ことを、遠藤先生は釜ヶ崎で、金井愛明牧師（一九三一～二〇〇七）から学ばれたという。ご講演で紹介された、一般には「犯罪人」として扱われ、家族も見捨てた人の身柄を、思想や宗教や犯罪の種類にかかわりなく無条件で引き受けておられた金井牧師の姿に、わたくしたちは「自由」の一つのあらわれをみることができる。それはたやすいことではない。だからこそ、社会や国家が貼るレッテルによらずに、その人が人間であるということによって失われてはならない権利は、「本当に大事なもの」であるにもかかわらず、「最も守り難いもの」なのである。それでもなお、遠藤先生はこのメッセージをわたくしたちに伝えられた。「守り難い」権利がまもられ、分かち合い難い配慮が分かち合える社会がつくられるには、わたくしたちが真理によって自由にされることがどうしても必要だからである。

遠藤先生のご講演をこのような形で記録として残せることに心から感謝したい。先生は、本学に入学した「未来の法曹」たちに、「法の根幹にあるもの」、そして法を語る前に、個々人が「魂の深いところ」で自身となすべき対話について――西南学院の「精神」にも触れつつ――教えてくださった。ご講演に触れた学生たちが、いま・ここで法を学ぶことの意味をかみしめつつ「自己内対話」を深め、そして自由に、それぞれの向かった場所で「真理」を学んでゆくことを切に望みたい。またご講演には、学生から一〇〇通近い感想が寄せられた。先生はこれに対しても真摯に応答してくださった。遠藤先生ご自身もまた、「学びを続けている者」であると示してくださったことをありがたく思う。

第Ⅰ部　憲法のテオリア

1 憲法訴訟のテオリア——憲法的救済法への試み

憲法訴訟論の分類

憲法学は、日本国憲法が違憲審査制を明文で導入したことを受けて、人権に関する憲法典を裁判規範として解釈することを主要任務の一つとしてきた。この作業は、一纏めにして憲法訴訟論と呼ばれている。

憲法訴訟論と総括される作業の中にも、性格の異なるものが含まれており、様々な分類が可能である。現に論者によりそれぞれ分類が行なわれている。(1) 本書では、これまでの議論が、学説としての憲法訴訟論に傾倒する余り、全く実践と接続していないという欠点を共有する点に鑑みて、実践と何故接続しないのかについて浮き彫りにするという見地から、若干の整理分類と限界の指摘を試みることにする。

(1)　第一の作業は、判例理論の分析である。この中には、まず、裁判所が下した憲法判決を分析し、先例としての意義を持つ判決理由はどの部分であるのか、当該判例は、従来の判例理論の中でどのように位置づけられるか、将来においてどのような射程を持つか、という問題群を検討する判例研究がある。これは、いわば個々の「判例」の分析であるが、そのような分析の理論的枠組を提供することが前提として必要なことはいうまでもない。つまり、判例とはそもそも何か、下級審の判決も判例を形成するのか、判例の先例拘束性の程度如何、それと関連して判例は法源か否か、これらの問題は判例法国と成文法国とで違ったように解決されるべきか、等の検討である[2]。

この検討を行なう過程で、さらに抽象度の高い問題群に遭遇する。それらの中で重要なのは、憲法典の解釈において裁判官が行なう、具体的事件での憲法解釈は、どの程度重視されるべきものなのか、学説と裁判官の憲法解釈の関係、国家機関の他の部門の憲法解釈との関係はどのように考えるべきか、であろう[3]。

(2)　第二の作業は、訴訟が、訴訟要件を満たし、民事訴訟、刑事訴訟、行政訴訟として成立した場合を念頭において、実体法上の争点として憲法問題を取り上げるか否か（憲法判断回避のルールの検討）、憲法判断に立ち入るとして、憲法判断の方法はいかに行なうか（立法事実をどのように審査するか、行政裁量と立法裁量をどのように尊重するかの諸問題）を検討することである。

この作業は、いわば固有の憲法訴訟論であり、憲法訴訟に固有の手続に関するものである。そして、憲法訴訟論中、まずこのような手続論、技術論が重視されたのは、一九六〇年代においては、憲法訴訟特有の問題が意識されず、当事者も初歩的ミスを犯していたからだとされる。しかし、憲法訴訟のテオリアが、法実践に接続しなかったのは、まさに憲法訴訟論が後に述べるように三つの大きな誤解に基づいていたためである。

(3)　以上に述べた二つの作業を踏まえて、司法審査の基準たりうる違憲判断の基準を提示することが、第三の（そして最も重要な）作業である。というのは、初期の最高裁判例が、抽象的な公共の福祉論によって、人権制約立法を安易に合憲としていたため、人権の種別に応じた違憲判断の基準の精緻化を行なうことが、戦後憲法解釈学の最優先課題であったからである。

この課題を達成するために憲法訴訟論が行なってきたことは、アメリカ連邦最高裁の判例理論上発達してきた違憲審査基準を、日本の実状に合わせながら、導入することを提唱することであった。その際重要なことは、人権の種別（精神的自由か経済的自由か）、人権制約の目的（消極目的か積極目的か）、制約の態様（表現の内容の規制か、表現の時・所・方法等に関する規制か）に応じて基準を使い分け、さらに、基準の厳しさは、立法事実の審査をする場合には、合憲性の推定を支える立法事実をどこまで推定するのかと関連して説かれたことである。立法事実論は、憲法の文言・論理では直ちに解決できない問題について、人権制約立法の目的、目的を達成するための手段を支える事実の有無を審査する必要を説くことで、観念的な憲法解釈の主観性をできるだけ排除する狙いを持っていた、とされる。[5]

◉──憲法訴訟論の限界

以上に述べた、やや大まかな分類だけを見ても、憲法訴訟論の幾つかの限界が浮かび上がってくる。

(1) まず第一にいえることは、憲法訴訟論は実体法理論と対峙される訴訟法理論であるわけではなく、人権侵害の実体判断基準を中心としたものであったことである。憲法訴訟に固有の手続論・技術論といっても、実体法上の争点としての憲法問題をどう処理するのかに関するものなのである。この第一の特徴を裏返していうなら、人権が侵害されたと思料される場合、いかなる訴訟によってそれを争うことができるのかという訴訟の入口の問題、さらに、訴訟が成立したとして、違憲判断が下された場合、どのような判決が下り、判決はどのように執行されるのかという、訴訟の出口の問題には憲法学的検討が及んでいないということである。訴訟の入口、出口の問題を決めているのは、実定訴訟であるとされ、実定訴訟法理論がこの問題を扱ってきたのである。しかも、訴訟の原告は出訴時に、求める裁判を訴状に書き、裁判所もその請求に応答するという訴訟手続、執行段階と判決段階が厳格に二分され、執行段階では判決内容がそのまま履行されるというシステム下では、訴訟の入口で既に、勝訴した場合の結果が固定されることになる[6]（このことは、民事訴訟の訴訟類型や行政訴訟のそれが、求められ、与えらるべき裁判によって分類され、争われる実体法上の争点によってではないことに示されている(7)。

このような憲法訴訟論の特徴からすると次の二つの問題が生じることになる。第一は、人権侵害を争う実定法上の手段がない場合、憲法上の争点を持ち出す前に訴訟は却下されてしまうが、それでよいのか。第二は、人権侵害を争う場は一応実定されているものの実体判断として人権侵害の主張が全面的に認められたとしても、訴訟の法的帰結が不十分な場合、勝訴判決が人権保障につながらないことになるが、それでよいのか、である。

(2)　第二の限界は、憲法訴訟論が、主観的・観念的になり易い憲法解釈を、裁判所が適正に行なえるようにするという目的のために提唱されたにもかかわらず、実際は、法実践についての合理的論議を豊かにできなかったことである。このことは二つのレベルで問題となる。第一のレベルは、「司法審査の準則としての違憲判断の基準の導入である。「集会、結社及び言論、出版その他一切の表現の自由は、これを保障する」というような抽象的文言で国家の基本原則を定める憲法条文は、そのままでは裁判の指針となり得ない。そこで、表現の自由については、過度に広汎な制限は許されないとか、経済的自由を消極目的で制限する立法は、厳格な合理性の基準によって判定さるべきであるとかいうような、具体的準則の形成によって、憲法解釈の合理化が図られたレベルである(8)。第二のレベルは、違憲判断の基準の問題を、憲法訴訟の固有の論点に関連させて説いたことである。

学説としての憲法訴訟論が、論者の真剣な努力にもかかわらず、ほとんど法実践と結びつかなかったのは、裁判所や弁護士の法律実務家の側において、受け入れる決断乃至力量が不足していたためというより、これらの二つのレベルのそれぞれにおいて、パイオニアである芦部信喜の理論に概念錯誤（misconcept）といえるような、重大な欠陥があったためだと思われる。

まず、芦部の憲法訴訟論の中核をなす、人権の種別に応じた違憲審査基準、いわゆる「二重の基準」（double standards）の理論という概念自体が、法実践のための概念としては、ミスコンセプトであった。

法実践に携わる者の立場からすれば、ある事件で主張した争点が「精神的な自由」であるのか、「経済的な自由」であるのかを知ることはほとんど無意味である。法実践に携わる内的視点からすれば、重要なのは、どのような具体的主張・立証をすれば、論点となっている争点で攻撃している当該法律等が憲法違反と判断されるかであって、「他と比較して、厳格な」基準が適用されるかどうかではない。

「精神的な自由は、経済的な自由より、優越的地位に立ち、従って、より厳格な審査基準が適用される」という趣旨の「二重の基準」の理論は、従って、裁判所の判例理論（doctrine）を、外的視点から認識した場合の説明概念（政治学的な意味での憲法についての概念）に他ならない。アメリカ合衆国の法曹養成制度であるロー・スクールで「二重の基準」がほとんど用いられないと松井茂記が指摘するのは当然である。

勿論、最高裁判所自身が政治的配慮から、自己自身の正当化のために「二重の基準」の理論を使用することがあるが、これは具体的事件の解決の指針となる原理としてではない。この点、「二重の基準」の起源が、カロリーヌ判決の本文ではなく、脚注であり、ニュー・ディール諸立法を合憲として判断するために、最高裁判所が歴史的転換を遂げたことに対する、最高裁自身による政治的「弁明」であったことが示唆的である。(9)

第二のレベルの中核である「立法事実」と「適用違憲」という概念についても、芦部は、憲法訴訟論を法実践から乖離させるような、概念錯誤を犯した。これら二つの概念は、前者が憲法判断を行なうに際しての一般的事実に関する概念（証明責任の分配どころか証拠法則の適用もない）であり、後者が訴訟当事者が証拠に基づいて主張し、証拠法則及び証明責任の分配に基づいて裁判所の認定を受けるものであるという違いがあるにもかかわらず、両者相俟って、「事実に基づいた憲法判断」というスローガンを支える概念であるだけに、これらの概念に対する錯誤は致命的である。

芦部が「立法事実」を提唱したのは、立法府が行なうように、裁判所も立法当時、立法府が参照できなかった資料を駆使して、社会的、経済的、政治的な一般的事実を認定するよう提案するためであった。(10) しかし、そもそもこの提案は、「立法事実」の創始者とされる、弁護士ルイス・ブランダイスが行なおうとしたこととは、正反対の考え方である。(11)

アメリカ合衆国憲法の法実践に即した教科書として定評のある、トライブの教科書は、ロックナー時代と称される「立法事実」が主張されたコンテクストにおける連邦最高裁判所の特徴を以下の通り記述している。

「しかしながら、ムラー判決のような判決は例外である。連邦最高裁判所は、現実に、目的と手段の実質的関連を要求するというルールを貫いていた。この時代の典型的な諸判決において、連邦最高裁判所は、学者などの専門家証人、特に、議会に対し、事実認定者（factfinders）として、極めて懐疑的であったのである。専門家証人、議会を通して得られる「事実」は、操作可能なものであり、その点信用性がないとされていたのである。最高裁は、専門家証人や議会ではなく、コモンロー上の概念によって、目的と手段の実質的関連が示されない限り、私的経済取引に干渉する法律を無効とする解釈を示したのであった」

（Laurence・H・Tribe, "American Constitutional Law" 2nd. ed., Foundation Press, 1988, p. 569.）

このようなコンテクストで、もし事実認定者（fact-finder）としての議会を尊重せよというブランダイスの主張が認められれば当然オレゴン州法は合憲となる。しかし、弁護士としては、ロックナーを前提とする限り、当該事案がコモンロー上の例外に等しいものだということを立証せざるを得なかったのである。(12)

「洗濯工場で働く女性の労働時間を制限しなければどのような生命、健康上の被害が生じるか」について「立法事実」の主張が行なわれ、連邦最高裁判所も「弁護士ルイス・ブランダイス」の答弁書に言及しながら、その「立法事実」を受け入れた。しかし、このような「立法事実」の主張とそれを裁判所が受け入れること（「司法的確知」と呼ばれる曖昧な手続）は、事実認定者の議会に信用性が付与されれば、大部分不要となるはずの手続きであった[13]。

第三に「適用違憲」という概念である。「事案に適用される限度」という憲法判断の手法は、日本法になじむものにとって極めて理解しにくい。というのも、州法の憲法判断を行なう連邦最高裁判所は、州法自体についての有権的解釈権を持たないのに対し、日本の最高裁判所は、議会制定法律だけでなく、政令、省令、行政行為、地方自治体の議会が定めた条例に至るまで有権的法令解釈権を持つからである（むしろ、最高裁の実際の重要な機能は、判例を通じた、法令解釈の統一にあるといってよい）。

日本法研究を専門とするジョン・ヘイリー（シアトル・ワシントン大学日本法研究所）に、「適用違憲が分らない」と質問した際、「適用違憲（as applied to）というのは、州法の有権的解釈権を持たない連邦最高裁判所が、州法が連邦憲法に違反するかを判断する際、当該事案で認定された事実を前提として、その事案に州法が適用されるなら、連邦憲法に違反することになるという制度です」という明快な解答を頂いた。そうだとすれば、日本法において、「適用違憲」を用いるのではなく、法令の解釈、行政裁量の濫用或いは逸脱などで決着がつくのは、むしろ当然だということになる。

裁判所の本来の機能として、当事者の主張・立証に即した事実認定から事案を解決することがあるから、「適用違憲」という「当該事案に即した事実認定の延長で憲法判断を行なう」という手法自体、日本の裁判所が採用することには意義はあろう。しかし注意すべきは、その際には、被告人の事情に即した違法判断である「可罰的違法性」という概念を、微小な場合だけでなく、憲法的価値から見て違法性がないという概念にまで拡張するなど、受け入れのためのアダプターが不可欠となることである。(14)

これらの諸限界のうちここで扱うのは、第一の特徴の認識から出てくる「憲法典は、人権侵害があった場合に、その判定の場の確保や、法的救済を全て実定制度（立法府）に委ねているのか、全て委ねていないとしたら、その限界は何か」という問題である。このような問題を取り上げたのは、次に述べるような理論的関心と実践的関心によるところが大きい。

憲法典の解釈として人権侵害に対してどの程度、裁判所による救済が与えるべきかを考える際に重要なファクターは二つである。

一つめは、「裁判所による救済」というファクターであり、人権侵害の判定者、救済の付与者としての裁判官をどの程度重視するかということである。

二つめは、「人権侵害に対して」というファクターであり、救済制度を設営する立法府に一定の限界を設定するものがあるとすれば、それは人権であろうが、人権がそのような機能をそもそも果たすのか、果たすとすればどのような機能か、ということである。このファクターの検討は不可避的に、道徳的、法的人権概念の分析を必要とすることになると思われる。

自由の救済法としての憲法

(1)　従来の憲法訴訟論も、訴訟の入口の問題や出口の問題について全く無関心であったわけではない。事件性・司法判断適合性の問題は、人権の判定の場の確保の問題と関係しそうであり、違憲判決の効力論は、訴訟の法的帰結の問題に影響を与えそうである。

しかし、結論を先取りするなら、そのような再構成は難しい。

その例として、ここでは違憲判決の効力論を検討する。それによって、私の理論的問題関心の一端を示すこととしよう。

従来、違憲判決の効力論と呼ばれてきた問題は、大別して二つの問題を含む(15)。第一は国家行為(特に法律)が裁判所により違憲と宣言されることで、どのような程度において効力を失うかについて、政治部門の対応を念頭において、行なわれた一般的効力/個別的効力論争である。

第二は、判例の不遡及的変更(違憲判決の遡及効、将来効)と称される問題である。これは、裁判所が判決理由の中で示した憲法解釈は、以前の事件の解決にとっても判断基準とさるべきかという問題である。ここで着目さるべきなのは、第一の問題領域では、違憲の判定を受けた法律の効力が主として関心の対象になっているのに対し、第二の問題領域では、判決によって示された憲法解釈そのもの、法的三段論法の大前提たる規範命題が関心の対象になっていることである。

もっとも、判例の不遡反的変更というときの関心対象は、判例によって示された憲法解釈のルール、つまり、法的三段論法の結論命題(重要な事実と結論よりなる)の部分にあり、これが持つ法源性が強調されることもある。そして、具体的ルールが持つ法源性の強さは判例の先例拘束性の強さに等しいから、拘束性の問題を抜きにして違憲判決の効力の問題は語れなくなる。

それどころか、ある論者によれば、個別的効力／一般的効力の問題は、拘束性の問題に解消さるべきなのであり、政治部門の対応にしても、判例の拘束力に依存しているということになる。[16]かように「違憲判決の効力」といっても、関心対象を、違憲の判定を受けた法律に置くかそれとも、抽象的な憲法解釈や具体的な憲法解釈のルールに置くかで、論じられる問題も異なってくる。最近、違憲判決の効力で何を問題とすべきかについて論争が行なわれているが、その論争が生ずる原因の一つに、関心対象のずれがあるように思えてならない。[17]

ただ、違憲判決の効力の問題としては、従来論じられなかった問題が一つある。それは、違憲判決の訴訟法上の効力の問題である。この点が従来の違憲判決の効力論の最大の問題点なのである。

というのは、違憲の国家行為（法律）が憲法に違反して無効だといっても、その無効という法的判断が表明されるのは、立法府が制定した訴訟制度（判決の訴訟訴訟法上の効力）を通してであるから。従来この点が法律レベルでしか論じられなかったのは、憲法上の「無効」という概念の内容が詰めて論じられなかったことによる。[18]

そしてもし、憲法上の「無効」の規範的意味内容を考えていくことになると、「無効」ということについて立法府が与えた法的内容（訴訟法上の効力）を憲法的に評価することが必要になってくるのである。勿論、「無効」の規範的内容は、問題となる憲法規範が人権規範か否か、人権規範の中でも自由権か否か等で変わってこようし、判定さるべき国家行為の性質（法律か否か、刑事実体法か否か等）にも依存しよう。

(2)　救済規範としての憲法典を規範的に考察することは、以上のように、理論的に重要であるだけではなく、戦後の日本の憲法判例が、その理論的検討を学説に要請している問題でもあるように思える。

その趣旨を、迅束な裁判を受ける権利の侵害とその救済が問題になった高田事件最高裁判決⑲と、選挙権の平等の侵害とその救済が争点だった一連の定数不均衡訴訟最高裁判決を例にとり、説明してみよう。

(i)　高田事件最高裁判決は、原判決が、「一五年余の間全く本件の審理を行なわないで放置し、これがため本件の裁判を著しく遅延させる事態を招いたのは、まさにこの憲法によって保障された本件被告人らの迅速な裁判を受ける権利を侵害したものといわざるを得ない」という前提に立ちながら、現行法制のもとでは迅速な裁判を受ける権利を現実に保障するための補充立法がないから、「裁判所としては救済の仕様がないのである」としたのを、憲法三七条一項の解釈を誤ったものだとして斥け、次の様に判示する。

「審理の著しい遅延の結果、迅速な裁判を受ける被告人の権利が害せられたと認められる異常な事態が生じた場合には、これに対処すべき具体的規定がなくても、もはや当該被告人に対する手続の続行を許さず、その審理を打ち切るという非常救済手段がとられるべきことをも（憲法三七条一項は＝筆者）認めている[20]」

本判決は、「刑事事件が裁判所に係属している間に迅速な裁判の保障条項に反する事態が生じた場合において、その審理を打ち切る方法については現行法上よるべき具体的明文の規定はないのである[21]」と明言しているから、本件で言渡された免訴は、直接憲法に根拠を置くことになる。これは、即ち、憲法典を救済規範として認めたことになるのである。しかし、本判決には、人権の侵害があった場合にその救済が直接憲法に基づいて認められる理由、いかなる場合に認められるのか、認められるとして、その救済の内容はどのようにして決めるか、について述べられてはいない。本件が主に論じているのは、権利侵害の有無なのである。もっとも、本件は、刑事事件の中でも異常なものであり、手続きの打切りによってしか、解決し得ないものであったから、これらの諸問題に一般解答を与えるのに適していなかったのかもしれない。しかし、学説は単に、免訴がよいのか、公訴棄却がよいのかを論じているだけでなく、本判決が喚起した理論的問題に答える必要があるのではないか。そして、これらの問題に答えてこそ、本件の意義も解明されるのである。

本件以後、被告人の迅速な裁判を受ける権利の主張は最高裁に全く受け入れられないこともあってか、本判決は特異な判断をなしたものとの評価も現に出されている[22]。このことから、本件は、著しい侵害があった場合に、非常救済手段を認めただけで、憲法から一般的に、救済を導き出す可能性を認めたわけではないとの評価も出てくるかもしれない。しかし、本件の免訴が超法規的に認められたというのでない限り、かような評価は、憲法上の権利の侵害の判定の有無の問題と、権利侵害のあった場合に救済をどうするかという問題を混同している。本件は、かなり曖昧な利益衡量の基準を採用し、要求法理（被告人からの審理要求を条件とする考え方）を一部存続せしめたため、権利侵害が認められにくくなっているのは確かである。[23]しかし、原審を先に述べたように明示的に排斥し、本判決が打ち出した後者の問題に関する解答は、後の判例によって履されたわけではない。

(ii)　さらに最高裁は、議員一人あたりの有権者数が、選挙区毎に不平等であるのは憲法の保障した投票価値の平等に反するとして提起された、衆議院に関する公選法二〇四条の選挙無効訴訟において、権利侵害を認定するとともに、制定法の枠を超えた救済を認めてきた。一九七六年判決は、[24]一般的な法の基本原則である事情判決の法理なるものを措定し、当該選挙は憲法に違反する議員定数配分規定に基づいて行なわれた点において違法であるが、選挙自体はこれを無効としないことが相当であると判示した。公選法二一九条は明文で事情判決に関する行訴法三一条を準用しないとしているのであるから、この判決は、公選法上の選挙無効訴訟に対する棄却ということだけでは説明できない。判旨は高次の法的見地といっているが、それは法律レベルの問題か、憲法レベルなのか分明でない。

これに一つの説明を与えるのが、一九八五年判決に付された寺田等補足意見の、次の様な主張である。

「議員定数配分規定の違憲を理由とする選挙無効訴訟は、公職選挙法二〇四条所定の選挙無効訴訟の形式を借りて提起することを認めることとされているにすぎないものであって、これと全く性質を同じくするものではなく、本件の多数意見において説示するとおり、その判決についてもこれと別個に解すべき面があるのであり、定数訴訟の判決の内容は、憲法によって司法権に委ねられた範囲内において、右訴訟を認めた目的と必要に即して、裁判所がこれを定めることができるものと解せられる」[25]（傍点筆者）

ここでは、人権侵害の判定の場の有無、救済の内容を、専ら立法府に委ねるという立場が明確に否定され、救済内容を憲法に基づいて司法府が定めうると主張されている。一九七六年判決もこのような立場から説明されうると思われるが、先に掲げた理論的諸問題（救済が認められる理由、認められる場合に関する準則、救済内容の導出過程）は、ここでも扱われておらず、その検討を学説に要請している。

定数不均衡の是正策については、学説は様々な見解を呈示してはいるが、それらは主として理論的一般的問題の検討を抜きにした、個々の諸方策の提言と、それらが現行法上可能かという問題に関する肯定的解答であるにすぎないものが大多数である。[26]

(3)　「憲法典は、人権侵害があった場合に、その判定の場の確保や、法的救済を全く実定制度（立法府）に委ねているのか、委ねていないとしたら、その限界は何か」という問題、つまり、救済規範としての憲法典の問題を縷々述べてきた。

先にも触れたが、救済制度を設営する立法府に一定の限界を設定するものがあるとすれば、それは人権概念の法的含意であると思われる。

この問題を自由権の概念を中心に検討したのが、拙著『自由とは何か』（日本評論社・一九九三年）第二部「自由の救済法としての憲法」である。そこでの知見を箇条書きにするなら、

①自由論の中核的地位を占めるのは、他人から強制されることができるだけ少ない状態、という自由一般の価値であり、自由の保障する行為の内容の高尚性を問わない。つまり、自由論の論拠を推し進めていくと、自由一般のうち、基本的なものとそれ以外を区別することが否定される。

即ち、自由一般の持つ道徳的価値は、人間の免れがたい誤り易さ、人間人格の発展のためには、各人に応じた条件が必要なことに基づく。従って、恣意的な強制から免れているという意味での消極的自由一般には、道徳的見地からは、甲乙付け難い。

②自由一般を保障するのは、法の一般性である。憲法解釈論としては、憲法四一条の「国会は、国の唯一の立法機関である」の意味として、法の適用を受ける全ての人々に政治責任（この責任は、選挙という形で制度化される）を負う立法機関が、「強制」のルールを制定する権力を独占することと、その制定法が一般性（予め定められ万人に適用されるという要請）を持つべきだという内容を示すという、解釈論として現れる。

③憲法典が自由一般のうち、権利として自由権を限定列挙したのは、法の一般性の具体化としての憲

法四一条では保護し得ない諸自由があるからであろう。すなわち、とりわけ立法府の侵害からも保護されるためである。従って、これらの諸自由が「基本的」たる由縁は、まさに裁判所による保障を受けうる点に求められることになろう。

④自由の最大の論拠は、人類の誤り易さ（特に多数の）にあるのであって、そのために多数を牽制する機関が必要となる。しかし、多数を牽制する機関も誤り易さを免れ難いのは勿論である。そこで、一定の事由について、裁判所に優先権を与え、残りの部分は政治部門に与えることによって、相互の牽制を図ろうとするのが、違憲審査制と法の一般性の原理の関係である。

⑤憲法の人権規定が限定列挙した「自由権」は、「法律」によって侵害されない権利であるから、一般市民には、服従を命ぜられている「法律」を具体的場合に無視しうる権能、「自己の危険において行動する」資格が与えられなければならない。そして、一般市民が自己の危険において行動するためには、彼女の発意に基づいて、ある「法律」を憲法違反とする機関の存在が不可欠となる。そうだとすると、自由権の法的含意とは、各享有主体が、自己の発意に基づいて裁判所での判断を受け取ることを保障することにあることになる。判定の場の確保や法的救済が実定制度により十分確保されている場合は、自由権は専ら違憲判断の基準として作用することになるが、そうでない場合、自由権は「権利」としての本来の正確を発揮して、具体の場合の違憲状態の除去を求める根拠となりうる。

の五つである。

即ち、人権が侵害された場合に与えられる裁判的救済は、「いつか、どこかで、誰かに」付与されればよいのではなく、「今、ここで、当事者」に付与されなければならない。その要請は、自由の道徳的基礎の探求と、自由の原理の実効化の中で、立法者と司法府が果たすべき役割分担

料金受取人払郵便

京都北支店
承　　認
6130

差出有効期限
2011年9月30日
まで〈切手不要〉

郵便はがき

6 0 3 8 7 8 9

4 1 4

京都市北区上賀茂岩ヶ垣内町71

法律文化社
読者カード係　行

ご購読ありがとうございます。今後の企画・読者ニーズの参考，および刊行物等のご案内に利用させていただきます。なお，ご記入いただいた情報のうち，個人情報に該当する項目は上記の目的以外には使用いたしません。

お名前（ふりがな）	年　齢
ご住所　　〒	
ご職業または学校名	
ご購読の新聞・雑誌名	
関心のある分野（複数回答可） 法律　政治　経済　経営　社会　福祉　歴史　哲学　教育	

愛読者カード

◆書　名

◆お買上げの書店名と所在地

◆本書ご購読の動機

□**広告をみて**（媒体名：　　　　　　）□**書評をみて**（媒体紙誌：　　　　　　）
□**小社のホームページをみて**　□**書店のホームページをみて**
□**出版案内・チラシをみて**　□**教科書として**（学校名：　　　　　　）
□**店頭でみて**　□**知人の紹介**　□**その他**（　　　　　　）

◆本書についてのご感想

内容：□**良い**　□**普通**　□**悪い**　　**価格：**□**高い**　□**普通**　□**安い**

その他ご自由にお書きください。

◆今後どのような書籍をご希望ですか（著者・ジャンル・テーマなど）。

＊ご希望の方には図書目録送付や新刊・改訂情報などをお知らせするメールニュースの配信を行っています。

図書目録（希望する・希望しない）

メールニュース配信（希望する・希望しない）

〔メールアドレス：　　　　　　〕

について の認識から導きだせるというのが、先の問題提起に対する一応の結論である。

(1) 憲法訴訟論と呼ばれる領域を開拓した芦部信喜は、立法事実論、適用違憲等の手続・技術論をその中心に据え、さらに、「本質的には憲法解釈の実体論と言ってよい」違憲審査基準の確立も、憲法訴訟論の大きな重点だと考えた。そして、「現在では、むしろ審査基準の問題が、日本の憲法学では重要な課題」であるとする。芦部信喜「憲法訴訟論の課題」『講座　憲法訴訟（第一巻）』（有斐閣、一九八七年）三頁、六頁、一〇～一九頁。
芦部が手続論中心に憲法訴訟論を構想した背景には後に本文で見るような一九六〇年代の裁判状況があるわけだが、理論的には次の二つの問題意識による。第一は、「技術とか手続とか言っても、それが本来憲法の基本原理とか憲法価値と呼ばれるものに深く結びつくもの」であるから、「裁判所の違憲審査権をめぐる諸問題を人権保障の方式という観点から訴訟の理論ないし技術とも結びつけて考察」する必要があったことである。従って、技術論・手続論も実体論と対応させて考察されることになる。立法事実の問題がその典型であろう。

第二は、憲法訴訟論は、「裁判の実相や裁判所の統治機構におけるあり方を究明することなくして成立」できないわけであるが、「憲法訴訟のプロセスに関する技術論は、最高裁が統治の機構においていかなる役割を演ずべきかという点と深くかかわる」からである。芦部・前掲論文六頁、八頁、一七～一八頁。

なお佐藤幸治はこれとは違った観点からの分類を試みる。佐藤幸治『現代国家と司法権』（有斐閣、一九八八年）「はしがき」。

(2) 個々の判例（判決例）や、判決例が積み重なることによって展開する判例理論の分析のためには、一般的理論が必要であり、それは本文で列挙したような問に対する解答として示されうる。ただ注意すべきは、判決の基礎とされた一般法理としての判例を理論的に研究するためには、何が問われるべきか、問われるべき問の中の重要概念は何を意味するか、について論者により、重要な違いがあることである。
「何が問われるべきか」について自覚的に論じた例として、田中英夫の以下のような主張がある。「判例は法源であるかという問に対する答は、『法源』という言葉によって定まるのであって、この問題は、文献の頻度に対応するほどの重要性はもっていないように思われる。判例を論ずる際に重要なのは、それよりも、裁判所が法形成に関して営む作用の性格と機能とを、立法による法形成との対比において多角的に検討することではなかろうか」田中英夫「判例による法形成」法学協会雑誌九四巻六号（一九七七年）七五五頁、七五七頁（後に『英米法研究Ⅰ――法形成過程』所収）。

問われるべき問として「判例は法源か否か」を共通にしながらも、例えば小嶋和司は「日本での『法』概念はそのように（英米のように＝筆者）限定的ではなく、裁判規範でない法も認められる」と法源を定義するのに対し、樋口陽一は「具体的事件の裁定にあたって裁判官が準拠すべきものとされている一般相範があるとき、その規範について、『拘束力をもつ』あるいは『法源性をもつ』」と定式化している。小嶋和司「憲法判例の変更」清宮四郎・佐藤功・阿部照哉・杉原泰雄 編『新版　憲法演習３〔改訂版〕』（有斐閣、一九八七年）二〇九頁、二二一頁、樋口陽一「判例の拘束力・考――特に憲法の場合」芦部信喜・清水睦 責任編集『日本国憲法の理論』（有斐閣、一九八六年）六七五頁、六七九頁。

何が適切な問か、語の定義かについて、合目的性を中心とした合理的な議論をすることは重要であると思われるが、同時にこれらの問題の背後にある、より根源的な問を自覚的に論じる必要があるのではないか。私はこのような根源的な問として「憲法典の解釈において裁判官にどの程度の権威を与えるべきか」を考え、この問が憲法解釈論の根底にあると考えるのである。なお、判例法理の理論的検討を行なった文献として他に、芦部信喜「憲法判例の拘束力と下級審の対応」国家学会 編『国家と市民（第一巻）』（有斐閣、一九八七年）五一一頁、中野次雄 編『判例とその読み方』（有斐閣、一九八六年）、佐藤幸治「憲法判例の法理」ジュリスト臨時増刊号『日本国憲法――三〇年の軌跡と展望』（一九七七年）一三一頁（後に『現代国家と司法権』所収）、同「判例について」『憲法訴訟と司法権』（日本評論社、一九八四年）二六一頁、高橋一修「先例拘束性と憲法判例の変更」芦部信喜 編『講座　憲法訴訟（第三巻）』（有斐閣、一九八七年）一三九頁、浦部法穂「最高裁判所の判例」奥平康弘・杉原泰雄 編『憲法学（６）』（有斐閣、一九七七年）四八頁。

（３）　憲法の解釈に限らず、法の解釈は解釈主体を抜きにして考えられないため、主体をめぐって様々な問題が生じうる。そのうちここで問題としているのは、主体が裁判官であることによって、その解釈に与えられる規範性である。そして、私はこの問題が憲法典の解釈問題であると考えるのである。この問題の性格、その解決方法は後に触れるとして、誤解を避けるため、以下に述べる三つの問題とは違うことを確認しておこう。

解釈主体についてまず議論されてきたのは、解釈者の責任の問題である。これは、法解釈が価値判断を含む実践であることから、裁判官を含めた法律家は自らなした解釈について責任をとらなければならないのではないか、ということである。法解釈論争が提起した主要な問題の一つであるが、法律家一般の政治的責任を問うている点で、本章の問題意識とは違う。この点に関し、来栖三郎「法律家」末川博・浅井清信 編『民事法の諸問題』（有斐閣、一九五三年）二三五頁、同「法の解釈と法律家」私法一一号（一九五四年）一六頁を参照。

第二に区別さるべき問題は、裁判官（裁判所）が違憲審査権を行使する際に「立法府、行政府という政策決定者（policy-maker）の決断は最大限度の『謙譲と敬意』（modesty and deference）をもって扱うべき」か否かという、司法の積極主義、消極主義の問題である（芦部信喜『司法のあり方と人権』東京大学出版会、一九八三年、九四頁）。この問題は、憲法訴訟の技術的側面を「整合的に説明し、正当化すると共に、司法審査そのものの正当化根拠と適切な活動範囲を明らかにすることを課題とする」憲法訴訟論の深層理論の中心をなすが（長谷部恭男「芦部信喜教授の憲法訴訟論」法律時報五九巻九号、一九八七年、三三頁）、問題の性格は、「憲法統治の体制の下において裁判所が果たすべき役割についての政治的見解、一種の政治哲学の相違対立」と考えられる。中村治朗『裁判の客観性をめぐって』（有斐閣、一九七〇年）一三二頁。

第三のそして、最も混同しやすい問題として、裁判官の解釈行為に対して、拘束力ある一般的規範が先在するか、ということがある。法適用機関が行なう有権解釈を、法律学者が行なうそれと峻別したケルゼンは、前者のみが、個別規範を創設する法創造活動、意思作用であるとするが、先在する法が裁判官を規範的に拘束することは認める。H. Kelsen, "General Theory of Law and State", 1961. pp. 129～130.　この点がケルゼンの自己矛盾だと批判するトロペールは、「法適用者による選択がおこなわれる以前には、適用されるべき規範は存在せず、ひとつの条文があるだけだ」と主張する。つまり、有権解釈のみが、適用される条文の意義である一般的法規範を創設するという。長谷部恭男「ミシェル・トロペールの法解釈理論」学習院大学法学部研究年報二〇号（一九八五年）四～六頁。なおケルゼンの自己矛盾を指摘した論稿として、井上達夫「決定と正当化」長尾龍一・新正幸・高橋広次・土屋恵一郎 編『新ケルゼン研究――ケルゼン生誕百年記念論集』（木鐸社、一九八一年）一四七頁がある。

この問題は、「法秩序の動態的構造を規範科学的にどう捉えるか」（藤田宙靖『行政法学の思考形式』木鐸社、一九七八年、二六三頁）についてのものなので、「裁判官の憲法典解釈にどの程度の規範性を与えるべきか」という解釈問題と性質を一応異にすると思われる。

（4）芦部信喜・橋本公亘・小林直樹「〔座談会〕憲法解釈と憲法学」『法学教室（第二期）7』（一九七三年、二頁、一五頁〔芦部信喜発言〕）。

（5）この点、憲法解釈の対象としての憲法典の限界を強調する小嶋も、次のような主張を行なっていた。「こういうこと〔アメリカ判例法で形成されたダブルスタンダード＝筆者〕は憲法典には何も書いてないけれども、不文の法理として適当と判断し、判示したもので、不文法の中に位置づけられて成文の規定が考えられた一つの例です」。小嶋和司「憲法と憲法典について」法学教室二五号（一九八二年）六頁、一三頁。

（6）小林秀之はこの点次のように述べる。「わが国の現代型訴訟においてアメリカのような救済形成の発展がみられなかった原因の一つは、『判決機関と執行機関の分離』の原則の絶対視にあるだろう」。小林秀之『アメリカ民事訴訟法』（弘文堂、一九八五年）三四七頁。

（7）こういう事態を指摘するものとして、奥平康弘「憲法訴訟と行政訴訟」公法研究四一号（一九七九年）九七頁、棟居快行「『基本権訴訟』の可否をめぐって」芦部信喜先生還暦記念論文集刊行委員会 編『憲法訴訟と人権の理論』（有斐閣、一九八五年）一四三頁。

（8）この点については、芦部信喜『現代人権論――違憲判断の基準』（有斐閣、一九七四年）、同「憲法訴訟と『二重の基準』の理論」『憲法訴訟の現代的展開』（有斐閣、一九八一年）六五頁、同「合憲性判定基準をめぐる今日的問題」『司法のあり方と人権』（東京大学出版会、一九八三年）一三七頁。

（9）「二重の基準」の理論の起源を明らかにした論稿で、アメリカのロー・スクールにおける「二重の基準」の用いられ方について、松井茂記は、次のような注目すべき指摘を行なっている。

「まず第一に確認すべきことは、アメリカのロー・スクールの憲法学では、『二重の基準論』という言葉さえ、それほど頻繁に用いられているわけではないということである。二重の基準論という言葉は、既に見たようにマクロフスキーやエイブラハムなど、どちらかというと最高裁判所研究を行なう政治学的傾向の強い研究者によって用いられ、ロー・スクールでは、あくまで判例の分析に重点が置かれていることもその理由の一つであろう」。松井茂記『二重の基準論』（有斐閣、一九九四年）一一九頁。

(10)　芦部は、憲法訴訟で問題となるのは、立法当時の過去の事実そのものではなく、現在（裁判時）において立法を支える事実に合理性があるか否かを明らかにすることである、という点を強調した。芦部信喜『憲法訴訟の理論』（有斐閣、一九七三年）一八二〜一八三頁。

(11)　この概念錯誤は、ブランダイスが法実践を行なう、コンテクストを正確に把握しなかったため、生じたものと思われるので、この点を明らかにしよう。

オレゴン州が洗濯工場で働く女性の労働時間を一日一〇時間以内に制限したのに対し、ムラーという名前の経営者は、この制限に違反して、女性を働かせたため起訴された。州裁判所で有罪となったムラーが最高裁判所に上告した際、弁護士ブランダイスは、働く女性を支援する全米消費者連盟の要請で、オレゴン州の被上告人代理人となった。

被告人ムラーが依拠したのは、この時代を支配していた一九〇五年のロックナー判決であった。

ロックナー判決において最高裁は、労働者保護立法を制定する議会に対し、企業の契約の自由を神聖視し、契約の自由に対する制限が認められるのは、立法目的と契約の制限という立法目的達成手段がコモン・ロー（裁判官の先例により構成されてきた法）上、自由に対する例外として認められた「炭鉱夫」「妊婦」の範疇に該当しない限り、現実の「実質的関連性」なしとして憲法違反としたのである。Muller v. Oregon, 208 U. S. 412 (1908).『英米判例百選〔第三版〕』（有斐閣、一九九六年）七六頁〔宮川茂雄解説〕。

(12)　「ブランダイス・ブリーフ」の内容は、ゴールドシュミットという全米消費者連盟の会長であった人物がオレゴン州だけではなく、他州、他の国の同様の立法を必要な「長期の労働時間の悪影響」についての綿密な調査記録であった。以下の文献が「ブランダイス・ブリーフ」の法実践での機能を明らかにするうえで重要である。R.

Collins and J. Friesen, "Looking Back on Muller v. Oregon" 69 A. B. A. J. 1983. p. 294, 472.

(13) この点、日本の最高裁判所が、憲法二二条一項及び憲法二九条二項という、「公共の福祉」についての立法府の判断を尊重するべきことが憲法明文で要請されている場合に、その点についての立法府の判断を尊重する手法として、「立法事実」の手法を採用したことは、注目される。

即ち、最高裁判所は薬事法の薬局距離制限規定及びその委任を受けた条例の憲法判断及び森林法の共有物分割制限規定の憲法判断において、立法の必要性（立法目的の合理性）及び立法目的達成手段の必要性及び合理性の問題を論ずるという意味で「立法事実」の手法を採用し、何よりも実際の立法過程の提案議員及び政府委員等の説明等に依拠しながら、その点の判断を行なったのは、「立法事実」の本来の意味を正確に把握している点で重要なのである（最判一九七五年四月三〇日民集二九巻第四号五七二頁、最判一九八七年四月二二日民集四一巻三号四〇八頁）。

前者は一九六三年の参議院社会労働委員会における高野一夫議員の提案理由を、後者は一九〇七年の帝国議会衆議院における久米政府委員の提案理由を立法目的を認定する資料として依拠したことを明言している。

その際、立法目的達成手段の合理性については、前者においては敢えて合憲の最高裁判決（一九五五年の公衆浴場の距離制限規定に対する合憲判決）が提案理由に引用され憲法論を不要とする気運がかもしだされ、実際に全く検討されなかった。

後者についても、貴族院がせめて過半数の持分を持つ者からの分割請求を認めるべきだという提案をした点についてのみ検討され（但書として制定された）、およそ、森林の経営の安定化と森林の共有物分割制限が合理的関連があるのか否かの点さえ検討されていなかった。

このように、立法府の判断が尊重される場合にこそ、立法過程の瑕疵があったことが重要であることになり、行政裁量の統制の延長で考えられる立法裁量の統制手法として、「立法事実」論が採用されることになったと思われる。

これらの二判決については、『最高裁判所判例解説民事編　昭和五十年度』一九九頁〔富澤達調査官解説〕、『最高裁判所判例解説民事編　昭和六十二年度』一九八頁〔柴田保幸調査官解説〕。

これに対し、芦部が後者の森林法違憲判決についての解説において、解釈者の視点から立法目的そのものの内容を論じようとしている点は、「安定した森林経営の確保」という立法目的の認定が、実際の政府委員の提案に基づいているのを無視する点で、「立法事実」に対する無理解を示している。

芦部は、最高裁の森林法違憲判決について「多数説の立法目的の解釈が明確を欠くのはなぜか」という問題を自らに課し、「規制の沿革と実質を考えると、積極的規制と言い切れない、むしろ消極的規制の要請が強い、と判断したためではなかろうかと推測する」と解答している。芦部信喜『人権と憲法訴訟』（有斐閣、一九九四年）四七七頁。

しかし、肝心なことは、最高裁が自ら法の解釈として、立法目的を認定したのではなく、「公共の福祉に適合するように」という憲法二九条二項の解釈に際し、公共の福祉の内容についての立法府の実際の判断を尊重したから、積極消極二分論では割り切れなくなったということだと思われる。

(14)　時国康夫の憲法訴訟論は、今後の法実践を踏まえた理論の発展の見地からして、出発点になるべきものだと思われる。

彼の著作集『憲法訴訟とその判断の手法』（第一法規、一九九六年）の重要性もさることながら、彼が裁判長として執筆した猿払第一審判決こそが、彼の理論の「精華」であると思われる（旭川地判一九六八年三月二五日判例時報五一四号二〇頁）。

そこで彼は、日本型「適用違憲」論を、公務員の政治的自由の違法性阻却（被告人の置かれた事実状況に着目する）に引き付けて採用した。即ち、被告人の政治的行為（選挙ポスターを公営掲示板に掲示し、或いは掲示するため配布した）が、労働組合活動の一環として、勤務時間外に、職務を利用することなく行なわれ、しかも、被告人は非管理職であり職務内容も裁量の余地のない事務であった、ことが違法性判断において重要な事実として認定されたのである。

そのうえで、時国は、ブランダイスの立法事実論とは違う極限化された状況での「立法事実」論（「より制限的でない他の選び得る手段」を用いた考量）を用いて憲法判断を行なった。極限化された状況での比較衡量とは、現行法の採った手段により付加される法の効用性から受ける社会の利益と、より極端でない手段を選択した場合に享受さるべき人権との憲法的価値を衡量するのである。

彼が後年旭川地裁所長時代の一九八〇年に書いた論稿の整理を借りるなら、「極端な手段を選択している法により制限される人権と比較衡量されるべき公共の利益は、国家の安全とか、市民の平和とかいった公共の利益ではなく、極端な手段を選択している現行法と、より極端でない他の選択可能な手段を用いたその極限状態で比較して見出される差異なのであり、両者の間に目的達成上大差がない場合には、より極端な手段により人権を制限することが違憲と判断される」という手法が用いられたのである。時国・前掲書六三頁。

しかし、ここで注目しておかねばならないのは、猿払第一審判決が、公務員に対し政治的行為を刑罰で罰するのか、より制限的な手段である懲戒処分で罰するのかを一般的に比較したのではないことである。あくまでも時国の判断は、当該被告人の重要な事実を前提として、そのような事案に適用される場合には、国家公務員法及び人事院規則が憲法に違反することになるという限定判断であった。この手法は、多数の下級審が採用した他、可罰的違法性論を提唱した刑法学者の藤木英雄からは特に高く評価された。この点については、遠藤比呂通『市民と憲法訴訟』（信山社、二〇〇七年）第一章及び「むすび」を参照いただければ幸いである。

(15)　違憲判決の効力に関する従来の議論については、以下に掲げる文献を参照。大西芳雄「違憲判決の効力」同『憲法の基礎理論』（有斐閣、一九七五年）一六五頁、覚道豊治「違憲法律の効力」阪大法学七二・七三号（一九七〇年）一頁、佐藤幸治「違憲判決の効力——将来効の問題を中心に」法学論叢九四巻三・四号（一九七四年）一八二頁（後に『現代国家と司法権』所収）、同「違憲判決の効力」『憲法訴訟と司法権』（日本評論社、一九八四年）二〇二頁、高橋一修「違憲判決の効力論・考」藤倉皓一郎 編『英米法論集』（東京大学出版会、一九八七年）一二三頁、戸波江二「判例変更と違憲判決の効力について」野中俊彦・浦部法穂・江橋崇・戸波江二『ゼミナール憲法裁判』（日本評論社、一九八六年）二〇四頁、田中英夫「判例の不遡及的変更」法学協会雑誌八三巻七・八号（一九六六年）一頁、一〇〇五頁（後に『法形成過程』所収）、中田淳一「違憲の判定を受けた法令の効力（一）」法学論叢五四巻一・二号（一九四八年）一頁。

(16)　「判例に含まれる『重要な事実』プラス『法的結論』という形の命題で書きあらわせる」ルールに関する「拘束力」の問題と、判例の拘束力の時間的範囲の問題である「遡及効」の問題の二つに、「違憲判決の効力論」は解消さるべきと主張される。高橋一修・前掲註（15）一二八頁、一三二頁、一三八頁、一四一頁。

(17) 佐藤幸治も高橋一修の批判に答える文脈で、憲法判例の拘束力というときの「判例」は、「憲法解釈として打ち出された法準則」であり、個別的効力／一般的効力で問題とするのは、「特定の事件で違憲と判断された特定の法律に対して国会・内閣がとるべき態度」であると述べ、両者の違いを自覚的に論ずる。佐藤幸治『現代国家と司法権』（有斐閣、一九八八年）三八九〜三九〇頁。

ただ佐藤がアメリカ法の prospective overruling の問題を「法準則」のそれでなく、違憲判決の効力の一環として扱っているのは一貫性を欠くのではないか。これは佐藤の「将来効」という訳語に対し、「判例の不遡及的変更」という訳語を対置させていた田中英夫の批判に関係する。田中・前掲註（2）四〇〜四一頁。

(18) 宮沢俊義〔芦部信喜 補訂〕『全訂 日本国憲法』（日本評論社、一九七八年）は、「『効力は有しない』とは、当然無効である意である。従って、それは何人に対しても法的拘束力をもたず、何人もそれを無視することができる」と述べるにとどまる（八〇六頁）。

(19) 最判一九七二年一二月二〇日刑集二六巻一〇号六三一頁。

(20) 前掲註（19）六三三〜六三四頁。

(21) 前掲註（19）六四〇頁。

(22) 本判決に対する学説の評価を整理したものとして、岡部泰昌「迅速な裁判の保障――高田事件」『憲法判例百選Ⅰ〔第二版〕』（有斐閣、一九八八年）二二六頁。

(23) 要求法理とは、迅速な裁判を受ける権利の保障を享受するためには、被告人の側も裁判の促進を要求する必要があるという法理である。最高裁判決はこの法理を検察側立証終了前の遅延に限って排斥し、一部を存続させたのである。前掲註（19）六三六頁。

「迅速な裁判」が被告人の利益にとってアンビバレントな性格（迅速な無罪にも処罰にもつながる）を持つことから（この点を指摘するものとして、松尾浩也「迅速な裁判（再論）」『刑事訴訟法の原理』東京大学出版会、一九七四年、八二〜八三頁）、この法理には次のような批判がある。「無罪判決が確実に予測される事案でもない限り、被告人側に積極的な審理促進を期待することは無理である」（大塩町水道事件判決に付された団藤反対意

見、最判一九七五年八月六日刑集二九巻三九三頁、四〇三頁)。学説でも批判説が有力である。例えば、杉原泰雄「被告人の権利」芦部信喜 編『憲法Ⅲ——人権(2)』(有斐閣、一九八一年)一八一頁、一九〇頁、田宮裕「迅速な裁判の保障」『刑事訴訟法入門〔三訂版〕』(有信堂、一九八一年)一五四頁、一七二頁。

(24) 最判一九七六年四月一四日民集三〇巻三号二二三頁。

(25) 最判一九八五年七月一七日民集三九巻五号一一〇〇頁、一一二六頁。

(26) 勿論、現行法上可能な救済を検討することの意義を否定するわけではない。それどころか、公選法上の訴訟が「現行法上選挙人が選挙の適否を争うことのできるゆる唯一の訴訟」といい切っていいか疑問であり、抗告訴訟の可能性を検討する必要があろう。

2 憲法解釈のテオリア——天皇制の憲法解釈

◉——リヴァイアサンによるコンフォーミズム

日本社会におけるコンフォーミズム（強制的画一化）は、天皇制＝ヤスクニという政治宗教の押し付けであった。[1]

教育勅語、御真影（天皇の肖像写真）に見られる児童レベルへの教化政策を中心に、それはリヴァイアサン＝国家の一大事業であった。[2]

鎖国の桎梏から漸く解放されたキリスト教は、まだ十分日本社会に根をおろす前から、天皇制による画一化と闘うという孤独で困難な仕事を引き受けざるを得なかったのである。[3]

神の前に独り、「我ここに立つ」といえる自立した（independent）人間にとって、信仰を貫くために具体的状況でどのように行動すべきかを見極め、勇気をもってそれを実現していくのは、必ずしも難しいことではないかもしれない。

しかし問題はそのような自律的（autonomous）個人をどうやって育てていくかにあった。自律を伴った強靱な信仰は、一人の人間に突然与えられるものではなかろう。責任を分ち合う大人の集団の中で、次世代に引き継がれていくという過程が不可欠である。

その過程自体を破壊してしまうことが、コンフォーミズムの恐ろしさである。ここに、信仰を持つ者の自由を保障し、リヴァイアサンたる国家を鎖につなぎとめておく役割を担う立憲主義の使命がある。

本章は、憲法及び憲法解釈が、天皇及び天皇制を封じ込めるためにどのような役割を果たし、果たすことを期待されながらできなかったかを考察するものである。天皇及び天皇制が信仰の芽を摘み取っていくのに、いかに巧妙に作用してきたかについての分析が現在喫緊の課題となっていると思われるが、本章はその問に正面から取り組むものではない。いわばこの問に答えるために、側面から光を当てようとするものである。

明治憲法体制の変容

天皇制の憲法解釈を考察するとき、出発点としなければならないのは、天皇機関説事件であろう。二・二六事件の前年、一九三五年に、立憲主義学派の代表者であった美濃部達吉の学説が「異端」とされ、その著作が発禁処分となり、講義で教えることを禁止する旨の文部省通達が発せられたのであった。この事件の意義を考えるためにまず、当時の憲法運用を概観しておく必要がある。

一八八九年に制定された大日本帝国憲法は、万世一系の天皇が統治権の総攬者であり、神聖にして侵すべからざる権威であることを宣言していた。

一度も改正されることなく、一九四五年の敗戦を迎えることになるが、憲法政治の運用は、その間大きく変容した。一九三〇年代以降のいわゆる一五年戦争期についてみれば、戦時経済体制への移行に併行して、三つの顕著な傾向を看取することができると思われる。

第一は、国体概念の変革と肥大である。天皇が万世一系統治する体制という固有の意味の国体概念に代わって、天皇を現人神とし、日本を神国とする政治宗教が国体として維持されていくようになる。この意味の国体に悖る思想・宗教は容赦なく弾圧されていった(4)。

初めは無産主義、共産主義が、そしてついには自由主義一般が弾圧の対象となっていく。宗教の世界でも、大本教などの新興宗教から始まり、仏教、キリスト教まで広がっていった。

その根拠となった法令は、治安維持法を中心に、出版法、新聞紙法などの検閲のための法規、宗教団体法を中心とする統制法規であった。行政検束などの制度も、弾圧・取締のために濫用された。今、これらの法令によってどのようなことが行なわれたかについて語ることはしないが、その無軌道ぶりを示すために一つのエピソードを挙げるなら、仏教の経典に不敬に該る文字があるという理由で、伏字を使わせたというものがある。

第二は、統帥権の独立の問題である。(5)

憲法は、天皇の大権の一つに統帥権があると規定するのみで、この統帥権が帝国議会の協賛を受けない性格のものであるとか、国務大臣の輔弼の範囲外にあるなどと規定しているわけではない。ところが、軍隊の策戦・用兵などの指揮・命令についていわれていた統帥権の独立が独り歩きを始めるに至る。ロンドン軍縮条約を批准した浜口雄幸首相が、軍部の予算、兵備について容喙したとして、統帥権干犯を云々されたのは、その甚しい例である。

この統帥権の独立というイデオロギーは、軍部大臣現役武官制と相俟って、内閣が軍事事項にシビリアン・コントロールを及ぼしていくのに大きな弊害となっていく。しかも、単に軍部の内閣からの独立・専行をもたらしただけでなく、天皇親政を究極の根拠とするイデオロギーであっただけに、軍部内部での指揮命令を麻痺させていく役割を果たした。満州事変の背景は、このようなものであった。

第三は、国家総動員体制と内地・植民地の二重支配である。憲法はもともと、帝国議会の議決を要しない勅令という法形式を認めていたが、国家総動員法は、法律という制度を無効にするような包括委任を行なうものであった。加えて、内地法とは異なる原理に基く植民地統治のための法制度は、その内容において行政府に対する包括委任を行なうことを主たる特色としていたから、これらは相俟って、法律による行政の原理を無意味なものとし、官僚・軍司令官が行なう恣意的命令による支配に、合法性の外観を与える役割を果たした。

このような形式的合法性の下に、どのような非人道的なことが行なわれたかを端的に示すのが朝鮮人女性性奴隷（従軍慰安婦）問題である。(6)

戦争が行なわれる場合、兵隊が女性を強姦することは古今東西ありふれた事柄だという人々の開き直りを許さないほど、この問題が日本国につきつける責任追求は厳しいのである。日本国は国家の法制度を使って、女性を性奴隷にしたのだから。

機関説の意義

以上のような状況の中で、立憲主義的憲法学説である「機関説」に対する弾圧が起こったのである。(7) 事件について云々する前に、機関説の正確な理解を行なうことから始めよう。

機関説はその前提として、国家法人説という考え方を採用する。国家自体が意思を持つ一つの人格であり、統治権の主体であるという、一九世紀ドイツ国法学で有力になった考え方である。法制度と離れて国家意思が存在するという非合理な思惟をとらず、憲法典が規定する国家機関の意思が、国家の意思であるという考え方を貫く。国家法人説はその意味で、法人の定款に当たる文書である憲法典を重視する。

明治憲法は、最高の機関として、天皇について規定する。機関としての天皇にどのような権限が与えられ、他の国家機関とどのような関係に立つかは、憲法典個々の条文の解釈問題ということになるが、次のような二つの一般的指針が与えられる。

第一に、機関たる天皇に与えられる諸権能は、天皇個人や皇室の私的な権利ではなく、国家目的の実現のために賦与された公的権限であること。第二に、機関たる天皇の権限は無制約なものではなく、憲法典が制定されたことによって、一定の手続的、内容的制限を受ける。特に、民意を反映した衆議院を中心とする帝国議会に対し、法律制定権が与えられていることに留意しなければならない(8)。

立憲主義が掘り崩されていく中で、軍部・右翼にとって、天皇機関説がどれくらい邪魔な存在であったかは、以上の簡単な叙述だけからも、十分にうかがい知ることができる。擬似宗教としての国体、統帥権の独立のイデオロギーという憲法典外の要素は機関説の排除するところであったし、包括委任を根拠付ける国家総動員体制は、法律、予算を通じて行政府の対議会責任を強調する美濃部学説と相容れないものであった。

憲法解釈の終焉

一九三五年、岡田内閣は二度に亘る国体明徴演説を行ない、天皇機関説を葬り去った(9)。

最後に、かような学説の公定が、憲法学にどのようなダメージを与えたかについて検討しよう(10)。

事件直後、宮沢俊義は次のような趣旨の論文を発表した。憲法学説は科学学説と解釈学説に分けられ、後者を公定することが認められるにしても、前者については、科学という事柄の性質上、公定になじまない、と。[11]

宮沢によれば、機関説プロパーは科学学説に分類されるから、この論文は間接的に機関説の公定を批判したものである。しかし、天皇制に関する立憲主義的憲法解釈として、美濃部学説が担っていた役割に鑑ると、機関説の禁止が憲法学に与えた影響は、もっと根幹的なものであったと思われる。即ち、憲法学が学的営為として成り立つべき基盤が破壊されたのではないか。この点を敷衍しよう。

憲法解釈学が、学的営為として成り立つためには、一定のルールが必要である。そのようなルールのうち最も重要なものの一つは、解釈共同体において、ある文書が権威あるものとして合意の対象となっていなくてはならない、というものである。美濃部学説は、天皇制の憲法解釈においても、憲法典を最高の権威ある文書とすることを出発点としていたはずである。天皇機関説の禁止は、この出発点自体を否定したのではないか。

機関説の攻撃を行なった人々がいう国体なるものの根拠は、究極的には非合理な神話であり、その性格上定型性のない、現人神＝天皇の御言葉であった。美濃部に対する取調べにおいて特高検事が執拗に追及したのは、明治天皇の御言葉である教育勅語に対し、批判が許されるか否かであったことは、この事件で何と何が対立していたかを示してくれる。[12]

美濃部は、責任政治のコロラリーとして、詔勅に対する批判可能性を認めていたが、それは当然、明治天皇の詔勅たる教育勅語に対する批判を認めることになる。ところが、教育勅語は、美濃部の合理的体系に収まらない、神聖な道徳規範であった。憲法典を中心とする法体系と、そこに収まらない神聖な権威が対立したのである。だとすると、政府が国体明徴ということで否定したのは、美濃部学説の正しさだけではなかった。憲法解釈において決着をつけるべき権威としての憲法典そのものが、傷つけられたのである。

憲法典の解釈は、論理的には万民に開かれていなければならない。憲法政治の運用の中で、政府が一定の権威ある解釈を行なう権能を持つのは当然だとしても、それは常に変更される可能性を持ち、批判に対して開かれていなければならない。ここに、市民の知恵を代弁する学説の存在意義がある。学説を公定することは、解釈の批判的議論可能性を奪うものといわざるを得ない。

天皇機関説事件が憲法学にとって持つ意味がかようなものであったとすれば、憲法学界が美濃部を見殺しにし、責任ある態度をとらなかったことは問題であった。この点は、解釈学者の責任の問題として銘記しなければならない。

憲法学者につきつけられた踏絵もまた、天皇制＝ヤスクニの政治宗教であった。現在、教科書検定制度の運用の中で、憲法解釈のあり方を文部省が統制している事実がある。教室での市民の養成過程において、時の政府の憲法解釈の正当性のみが強調されているのである。機関説事件の教訓は過去のものではない。なぜなら、憲法解釈は万民に開かれていなければならず、政府の憲法解釈に対して市民が批判する可能性が、究極的には、立憲主義を支えるのだから。

天皇機関説の禁止は、憲法典そのものの権威を認めようとしないもので、憲法解釈が学問として成立する条件が喪失したのである、という本文の主張にとって、重要な資料が最近公開された。

補　説

一九三五年、文部省思想局「各大学ニ於ケル憲法学説調査ニ関スル文書」において、各大学憲法教授の「憲法学説の系統分類」がなされ、「天皇主体説」と「天皇機関説」に分類が行なわれている。

そのうえで、著書のみならず、講義内容まで調査し、例えば、「天皇機関説」に分類される「東大宮沢俊義」については、「要注意個所」として、「一　天皇を機関とすること『国家機関はあるいは抽象的法規範により当然に創設せられあるいは具体的選任行為により創設さられる。前の方法で創設せられる国家機関を直接機関と云ひ……世襲君主は此の一例である』。二　国体『わが国家形態の中で「万世一系の天皇君臨し統治権を総覧し給う」点は特に国体と呼ばれる』。三　副署の拒否『大権行為が不当である時、それに副署することを拒絶出来ないとすれば、副署の意味がないわけである』」点が列記されている。

「備考」欄には、引用書として、「憲法講義案」「東大講義プリント」とあり、「著者は講義案中不穏当の点を削除せる趣旨」と記載されている。

更に、一九三五年一一月一八日に、東大当局が文部省思想局長に口頭報告を行なっている。その内容として、以下の記録がある。

「尚宮沢教授に付いては既に先の文部大臣訓令ありたるとき之に基き教授は従来の講義案を変更し訓令の趣旨に副う様努めたり……凡て大学に於いては政府の訓令通牒等につきては充分其の趣旨を遵奉し其の趣旨の徹底に努むることは前掲の如くにして総長、殊に法学部長等は此の為に協議し徹底を図ることになり居るを以って将来の講義は政府の第二次声明（即ち統治権の主体は天皇なり）に違わざる様取計らう考えなり」

（1）宮田光雄『日本の政治宗教――天皇制とヤスクニ』（朝日新聞社出版局、一九八一年）。
（2）多木浩二『天皇の肖像』（岩波書店、一九八八年）。
（3）丸山眞男『忠誠と反逆――転換期日本の精神史的位相』（筑摩書房、一九九八年）五八～七七頁。
（4）奥平康弘『治安維持法小史』（岩波書店、一九七七年）。
（5）大江志乃夫『統帥権』（日本評論社、一九八三年）。
（6）日本の植民地統治法の運用の実態についての研究は遅れているが、日韓合同の研究プロジェクトにより解明が行われつつある（笹川紀勝教授を中心とした研究会）。従軍慰安婦問題については、鈴木裕子『朝鮮人従軍慰安婦』（岩波書店、一九九一年）参照。
（7）天皇機関説事件については既に多数の文献が存在するが、とりわけ、次の二つが重要である。家永三郎『美濃部達吉の思想史的研究』（岩波書店、一九六四年）、宮沢俊義『天皇機関説事件』（有斐閣、一九七〇年）。
（8）美濃部学説が、現実政治に対して持った効果については、樋口陽一『憲法』（創文社、一九九二年）五一～五八頁。
（9）美濃部の天皇機関説は、その主著『逐条憲法精義』『憲法提要』『日本憲法の基本主義』によって知ることができる（この三著は、一九三五年四月九日に発禁処分となる）。美濃部の立場は、戦後も維持され、『日本国憲法原論』(有斐閣、一九四八年)第一章「憲法の基礎理念」に引き継がれている。
(10)　この点、美濃部亮吉『苦悶するデモクラシー』(文藝春秋社、一九五九年)第三章が詳しい。
(11)　宮沢俊義は、一九三六年、国家学会雑誌に「法律学における『学説』――それを『公定』するということの意味」を発表した(後に『法律学における学説』所収)。
(12)　宮沢・前掲註(7)。なお、美濃部憲法学説について宮沢は、機関説プロパーと、広義の機関説(立憲主義的諸主張)を分け、両者に論理必然的関係はないとする。この考え方は、科学学説と解釈学説を峻別する宮沢の立場から導かれるものだと思われるが、本章ではこのような分類を美濃部学説に対して行なわなかった。それは、私が学説二分論に対し懐疑的なことによるが、天皇機関説事件をめぐっての憲法解釈者の責任を明確にするためには、美濃部学説をその全体像で捉える必要があったからである。本文で述べたように、宮沢流の分類は、事件のインパクトを矮小化する機能を果たすことになるのである。
また、従来、美濃部学説については、京都学派の佐々木惣一と比して、憲法典の文字を重視せず、「海外各国の成法」に拠りつつ、明治憲法をできるだけ立憲主義的に解釈していく立場、という描写が行なわれてきたが、この描写と本文の叙述は矛盾するものではない。なぜなら、美濃部学説は、憲法典の解釈に際して、文字以外の要素を重視する立場であったからである。

3　社会契約のテオリア――神話から契約へ

日本国はいつ「建国」されたのか

国民の祝日に関する法律は、一九六六年改正によって「建国記念の日」を祝日とし、いかなる日を選定するかを政令に委任した。一九六六年政令三七六号により内閣総理大臣は、建国記念日審議会の答申を受け、二月十一日を建国記念日としたのであった。戦前の紀元節の復活である。神武天皇という神話中の人物の即位の日を「国民こぞって祝い、感謝し、又は記念する」というのである（同法第一条）[1]。

信条、思想、感性、様々な理由からこの選択に反対する市民は多いだろう。しかし、二月十一日を建国記念日とすることに、少なくとも積極的反対を唱えない人々の数は圧倒的だというのも事実である。そうすると、究極的には多数決によってしか決着のつかない法律（ましてや政令）の改正問題を、今論じても仕方がない、と思われるかもしれない。しかし、そうではないのである。本章では、このことを論証したい。

旧憲法下で紀元節が建国記念日とされていたのは、神聖にして侵すべからざる天皇が統治権を総攬していたからである。だとすれば、主権の存する国民の意思により制定された現行憲法下では、国民主権が法的に成立した一九四五年八月十五日こそ、記念日に相応しいのではないか、という疑問がある。

それに対しては、当の国民自身が国民代表たる国会を通して、二月十一日を建国記念日としたのだから、民主主義的手続きからも問題ない、という反論が予想される。しかし、問題はそう単純ではない。国民代表の定めた記念日を無批判に受け入れることではなく、日本社会のアイデンティティーについての政治神話の「法律」による押し付けに対して抵抗することこそ、大衆デモクラシーを支えることになるかもしれないからである。

言葉を換えていうなら、戦後日本が最も必要としたのは、「政治権力が強権を背景にして積極的に創出し、しばしば、また伝統の権威によりつつ強制する価値体系と政治神話にたいする政治的批判と倫理的抵抗」であった[2]。そのような抵抗を不可欠とする歴史を日本社会は背負っている。どうしてそうなのか。

本章はこのような問いを、次のような手順に基いて考えることにした。

第一に、戦前の人権享有主体性の完全否認の状況をスケッチする。

第二に、一九四五年のポツダム宣言の受諾（無条件降伏）の持つ意義を、現行憲法の正当性の問題に関連させながら、分析する。

第三に、第一から第二への変革が机上の理論ではなく、戦後日本という一つの歴史社会の中で根付いたか否かのメルクマールとして、抵抗権思想の普及と実現の問題があることを解明する。そして、この問題が実は、市民としての抵抗義務という政治的義務のそれであり、これこそ人権が享有される社会の一員に、日本社会が属するための隅の親石（corner stone）であることを論証する。

◉戦前における人権侵害状況

そこでまず、「神道は宗教に非ず」という建前の下に、全ての臣民が天皇を中心とする国家神道体制に組み入れられていった過程を分析することから始めよう。

江戸時代末期、国内及び対外的危機に直面して、様々な内容を持つ思想が現われた。そこには次のような共通する特徴があった。一つは中間勢力の自立的な存在が国家と国民の内面的結合を阻害していることを問題視し、天皇を中心とする最高主体への権力の集中と、そのような思想の担い手を一般臣民へと拡散させようというものである。(3)

これらの思想は、いわゆる尊皇攘夷論から富国強兵論へと受け継がれていく。明治国家は当初、国家を特殊政治権力の機械として構成することによって、中間勢力の私的な特権を全面的に剥奪し、国家が公共制を独占することを目指した。しかし、資本主義のスムーズな成長を保障するために、伝統的な「郷党社会」を維持せざるを得なかった。この「郷党社会」の政治的機能を制度化したものが、一八八八年の地方自治制であった。

「郷党社会」の秩序原理は、そのままでは国家を基礎付けない。その国家原理の基礎付けを、自然村落における道徳に根ざしながら普遍化したものが教育勅語であった。勅語の内容は、日常生活に関する道徳と、天皇と臣民を一致させる普遍主義的な論理とが混合したものであった。[4]

以上のような考察からすると、教育勅語は絶対主義的天皇制の聖典であったといえよう。そのことの意味を、内村鑑三の一高不敬事件を通して見てみよう。[5]

一高不敬事件が起こったのは、一八九一年一月九日であった。教育勅語が発せられたのは、前年の十月三十日であったが、内村が務める第一高等中学校では、一月九日に天皇が親署した勅語を奉読する式が行なわれた。内村は全校の教職員に順次要求された「奉拝」を拒否したため、不敬と非難されたのである。そのときのことを内村は次のように記している。「私が教育勅語に頭を下げることを拒絶したことは、私の第一高等学校の地位を奪ったばかりでなく、賊子として社会にほうりだした。そこでおよそ二十年もの間、私は枕するところがなかった」。

内村の良心の問題が日本社会の御本尊と正面衝突した点を、ここでは取り上げてみよう。当時校長であった木下は内村宛の手紙の中で、「本尊神聖総テ自他関係ノ上ニ」宗教の信仰も築かねばならないと述べている。頭を下げることは、礼拝(worship)ではなく、ただ天皇を尊敬(respect)するにすぎないから、日本社会及び国の習慣に従えと促したのであった。

新聞はこぞって内村を批判し、二月三日には内村が解職されるに至る。ここには廃止されたばかりの踏絵に変わって、良心に対する新しい強制装置が国家神道というかたちで形成されていく見事な図式が見られるのである。

このようなプロセスが完成するのは、何といっても一九三五年の天皇機関説事件であろう。この事件によって、立憲主義学説が異端とされ、美濃部の著作が発禁となり、帝国大学から憲法学そのものが消滅したからである。憲法典は教育勅語に基づいてのみ解釈しうる「御言葉」として公定されたのである。(6)

八月革命は達成されたのか

一九四五年八月十五日、天皇及び日本政府は連合国に対し、無条件降伏を行なったことを公表した。占領軍は様々な経済的、社会的、政治的改革を行なったに止まらず、「万世一系の天皇が統治する」という意味の国体を変革した。即ち、国民主権という正当性原理に根ざす日本国憲法を制定・公布したのである。

戦後憲法学は、まさにこの事実の重要性を訴え続けてきた。具体的には八月革命説の提唱、維持、発展によってである。八月革命説を提唱したのは、宮沢俊義である。宮沢は一九四六年、「八月革命の憲法史的意味」（原題）という論文を発表し、日本国憲法の成立を法律論理的に説明及び正当化するためには、革命という概念が必要・不可欠であることを強調した(7)。

発表されたばかりの政府憲法案は、国民主権を採用していた。国民主権主義は、政治の根本的正当性を人民にのみ置く。従って、政治的権威の根拠としての神を認めない。それは政治から神を追放したのである。明治憲法は天皇の主権の根拠を神勅に置いていたから、政府案を認めることは、明治憲法の改正としては不可能である。

では、日本国憲法の成立をどのように説明するのか。宮沢は、ポツダム宣言の受諾に、日本の政治の根本建前の変革を見たのであった。それは一つの革命としかいえないようなコペルニクス的転回であったのである。その時点で、明治憲法の命脈は尽きていた。

以上のような説明を、端的に示す宮沢の文章を引用しておきたい。「降伏によって、つまり、一つの革命が行われたのである。敗戦という事実の力によって、それまでの神権主義がすてられ、あらたに国民主権主義が採用せられたのである。この事実に着目しなくてはならない」。従って八月革命説は、何よりも冷徹な歴史認識に基づく科学学説である。しかし、問題はそれを越えて、宮沢がこの認識を現行憲法の正当性根拠にしたことである。

八月革命説に対して、二つの立場から批判が行なわれてきた。一つは、マルクス主義からのものである。マルクス主義の主権概念からすると、主権者とは権力の実態的な掌握者であるが、そうだとすると八月十五日において天皇から連合国司令官に主権が移ったことになる。この立場は八月革命説を、本来ならレジスタンス勢力を正当化する革命理論を、保守政権擁護のために濫用する護教の学だと論難する。もう一つの批判は、保守的な立場からのものである。憲法の改正や制定は、占領下では不可能という国際法上の主張に基づいて現行憲法の制定過程の問題点を指摘し、ついには憲法の無効を主張するのである。

これらの八月革命説に対する二つの批判に答え、八月革命説が持っていた潜在的な複雑性を解明することによって、宮沢学説を維持・発展させたのが樋口陽一である。樋口は解釈学と科学とを峻別する一方、それらの学説が両面に機能することを強調する。このような問題意識に基づいて八月革命説を分解すると、天皇主権が否定された点、国民主権が成立した点、それぞれにおいて科学と解釈が相互補完的に機能しているということが判明する、という。

若干説明しよう。ポツダム宣言の受諾は即ち、国家の究極の正当性を国民の意思に置くことを承認することである。万世一系の天皇が、神勅を根拠に統治するという意味での国体は、変革したといわざるを得ない。しかもここで成立する国民主権は、国際法的制約を認める概念として提示されているから、国民を代表する政府、国会が、占領権力に従属しても、それ自体は問題にならない。つまり、宮沢説は、天皇が占領軍に降伏したという事実を冷静に受けとめたうえで、占領下でも憲法制定が可能なように国際法及び憲法を解釈し、しかも主権を権力の問題ではなく、権威の問題と考えることによって、日本国憲法生誕の法理を解明したのである。その背後には、認識と評価という異なった作業を批判的に竣別する、という強い個人主義的道徳観が存在する。(8)

◉市民相互の政治的義務

ところで、ここに考えなければならないことが一つある。それは、宮沢が何故、国際法優位の主権概念をとらざるを得なかったかである。それは端的にいうなら、「日本国民の自由に表明せる意思」というものが現実には存在せず、ポツダム宣言受諾についての連合国の回答の文言の中にしか存在しない架空のものだったからである。

国際民主主義をとることによってしか、日本には国民主権が成立し得なかったのである。それを現実化する仕事は将来の国民に信託されたのであった。

そこで次に、主権意思を自由に表明することができる国民とは何かということが重要な問いとして浮上する。この点示唆に富むのは、八月革命の主唱者が、人権宣言の最終的担保として抵抗権の問題を取り上げ、次のように述べていることである。

「個人の尊厳から出発するかぎり、どうしても抵抗権をみとめないわけにはいかない。抵抗権をみとめないことは、国家権力に対する絶対的服従を求めることであり、奴隷の人民を作ろうとすることである[9]」

国家権力が、人民を奴隷化しようとするとき、命を賭してでも闘うことが、「自由」＝抵抗の中味であると思われる。特に、自らの闘いによってではなく、占領軍の「自由の指令」によって桎梏から解放された日本社会においては、このような抵抗の重要さは測り知れないものがある[10]。

宮沢は、適法に成立した国家への忠誠義務と、非法律的義務（宗教、道徳等）の衝突において、後者を優先させるべき極限状況の問題を、抵抗権の問題と捉えていた。これは、天皇機関説に対する弾圧後、東京帝国大学の憲法講座に残った宮沢が、国家総動員体制に抵抗するどころか、むしろ積極的に、内閣総理大臣への権力集中の正当化のための法解釈を展開したことに対する、彼なりの良心の呵責であったと思われる。(11)

さて、最初の問題に戻るときがきた。何故、二月十一日を法律（政令）によって、建国記念日としてはならないのか。また何故、法律になった場合、様々な抵抗を試みなければならないのか。それは、日本国民の自由を奪い続けてきた、教育勅語＝政治宗教と同じ根を、この決定が持つからである。天皇と国民を結び付けるのは、記紀神話のような不合理なものではないことは、一九四六年一月一日の人間宣言で確認されたはずであった。しかしそのような確認は、二十年で反故にされた。日本国民の精神的奴隷化が始まったのである。

八月十五日を革命記念日としてではなく、「英霊の日」として祝おうとする動きも同じ文脈で解釈されるだろう。一九八五年の内閣総理大臣公式参拝は、このような流れのピークに属するといえよう。

市民がどちらに与するか。日本国憲法下で人権享有主体たりうるためには、「英霊の日」や「建国記念日」に抵抗することこそ、市民の政治的義務だといわざるを得ない。政府は、各市民の持っていた固有な人権（良心の自由＝魂への権利をその中核とする）を擁護するために、契約に基づいて権限を与えられたはずであった。

日本国憲法九七条は、基本的人権の本質を規定し、「この憲法が日本国民に保障する基本的人権は、人類の多年にわたる自由獲得の努力の成果」であると述べる。「自由獲得の努力」を不断に行ない続けることによってしか、基本的人権は保障されないのである。主体なき革命の実効化を問われて五十年、その革命記念日が「英霊記念日」になろうとしている今日、それに抵抗することなしに、「自由獲得の努力」をしているといえるのだろうか。今日の時代状況に照らして考えるとき、この抵抗は市民としての政治的義務だといわざるを得ないと思うが、どうだろうか。

(1)　天皇制についての歴史研究に立ち入る余裕はないが、神武天皇神話の非科学性については例えば、石井良助『天皇――天皇の生成および不親政の伝統』（山川出版社、一九八二年）六二～六三頁。
(2)　宮田光雄『政治と宗教倫理』（岩波書店、一九七五年）三一八～三三六頁。
(3)　丸山真男『日本政治思想史研究〔初版〕』（東京大学出版会、一九五二年）三三八～三六三頁。
(4)　藤田省三『天皇制国家の支配原理〔第二版〕』（未来社、一九八七年）七～四七頁。
(5)　鈴木範久『一高不敬事件（上）』（教文館、一九九三年）五九～一五七頁。
(6)　この点については、遠藤比呂通「天皇制の憲法解釈――天皇機関説事件の教訓」福音と世界一九九三年五月号（一九九三年）三三頁（本書第Ⅰ部2所収）。
(7)　宮沢俊義『憲法の原理』（岩波書店、一九六七年）三七五～三九九頁。
(8)　樋口陽一『近代憲法学にとっての論理と価値』（日本評論社、一九九四年）五七～一一八頁。
(9)　宮沢俊義『憲法Ⅱ〔新版〕』（有斐閣、一九七一年）一七三頁。

(10)　この点については、遠藤比呂通「裁判規範と政治過程」樋口陽一編『権力の分立2（講座憲法学6）』（日本評論社、一九九五年）二三五頁（後に『市民と憲法訴訟』所収）。

政治的義務という言葉について。これは、市民が相互に与え合う信頼とその限界を画する概念である。ジョン・ロックが主張した「社会契約」論は、統治の正当性の根拠を主張したものではなく（従来、彼は、みんなが合意したから市民政府は正当性を持つというフィクションを主張したと誤解されていた）、統治の正当性の限界を、市民が相互に与え合う信頼の限界として、定式化してみせたものである。

市民は、神から委ねられた「自己保存」の固有の権利と義務を有するが（これが「政治的義務」の内容であり、統治の正当性の根拠である）、神から自殺を禁じられている。従って、市民が「自己保存」の固有の権利と義務のために市民社会を形成し、市民政府にそれらの執行を信託したとしても、市民政府が信託に反して市民を殺し始めたなら、市民は、神への義務として、市民政府に抵抗しなければならない（自殺禁止の重視）。

その際、抵抗を行なうものにとって、人間が置かれた具体的歴史状況において実現可能なものでなければならないということ、即ち人間社会の可塑性にかかる冷徹な認識義務が重要である。

(11)　宮沢自身が戦後自らの論文集に収録したことを許したという点で、宮沢自身の考え方を示すと考えてよい「内閣総理大臣の権限強化」（一九三九年公表）という論文において宮沢は、国家総動員法の施行にあたってとりわけ論議された、内閣総理大臣の各国務大臣に対する指揮命令を正当化する議論を展開した（この時点では、そこまで踏み切ることは法制局もためらっていた）。宮沢俊義『日本憲政史の研究』（岩波書店、一九六八年）二五三頁以下参照。

4 人権宣言のテオリア──「見えない差別」とどうとりくむか

◉──日本の人権問題を報告

一九九五年九月二十五日から四日間、東京の四つの会場を舞台に国際憲法学会が開かれた。アジア、アフリカ、アメリカ、ヨーロッパ、オセアニア、文字通り世界各地から一〇〇〇人を超える憲法学者が一堂に会する、四年に一度の学会である。

初日、日本を代表して東京大学名誉教授の小林直樹氏が基調講演を行なったのを皮切りに、八つの部会に分かれて熱心な報告と討論が行なわれた。ヨーロッパ統合、旧ユーゴの崩壊、東西ドイツの合併、カナダの先住民族、ニュージーランド、オーストラリアのアボリジニー問題など、近代国民国家が孕んでいた矛盾が噴出したのに呼応して、憲法学の基本概念である主権、代表、国民、国家、人権、多元主義（寛容）、民族、平和などの装置の有効性とその限界が問われたのである。私が報告者として参加したのは、人権をテーマとする第三部会である。

部会は、総括報告で取り上げられた諸論点につき、各国のナショナル・レポーターが報告した後、質疑応答、討論という順で進行する。第三部会では、「国家における平和――とくにマイノリティー・ライツ（少数者の権利）」というテーマで、スイス、フライブルク大学のバジャ・バスタ氏が、「人権は個人に属するものか、それとも少数集団の権利か」という問題提起を行ない、二十数カ国からナショナル・レポートが寄せられた。

私が提出した日本のナショナル・レポートは、"community, culture, minority rights"（「共同社会・文化・少数者の権利」）と題するもので、日本社会の人権問題の中心が被差別部落問題と在日を含む韓国・朝鮮人問題、特にいわゆる「従軍慰安婦」問題にあることを指摘した（この点についての報告は割愛する）後、権力によって隠蔽され続けてきたこれらの差別問題をいかにして可視化するかを課題とするものであった。そのためには、フェミニズムの理論を応用することが有効ではないかという問題提起を行なった。

遍在する選択的無関心

私の報告を紹介する前に、一つ論じておかなくてはならないことがある。それは、私の選択したこのテーマが、ただ権力によって隠蔽され続けてきたのみならず、権力批判を重要な課題とする憲法学によっても、少数の例外を除いて、回避され続けてきたことである。なぜ、このような事態に立ち至ったのであろうか。

ここで説明のための仮説として、次のようなモデルを設定しよう。第一に、差別を維持するための最も有効な方法は、社会の成員間にある一定の選択的無関心（selective indifference）が遍在していること、である。第二に、この事情をさらに悪化させるのは、差別を受ける側が、差別の論理と心理を正確に把握しえないため、差別行為によってつけられた心の深い傷（trauma）から逃れるため、差別の存在自体を黙認してしまうことである。

このモデルは、アメリカにおける黒人差別問題に対する社会学的研究の成果を応用したものである。差別は、ある一定の事象に対する関心（自分は白人であるか黒人であるか、白人であるとはどのような社会的態度を伴うかなど）の歪みであるが、それを維持するのは、無意識のレベルで選択的に無関心であるという事実に基づいているのである。この選択的無関心はしばしば看過されるだけに、この点は重要であろう。

ところで、一口に差別といっても、差別される側の人間と同じだけの違った形態の差別がある。しかし、差別を受ける側の人間が、差別に無関心でいられるわけがないという点では共通である。人種隔離政策の一つである公立学校における黒白別学制度（segregation）を憲法違反とした一九五三年のブラウン判決（合衆国連邦最高裁が下した最も重要な判決）において、裁判官は、差別が、それを受ける子どもたちにどのような社会心理的影響を与えるかについての、次のような実験に依拠した。

黒人の子どもに黒い人形と白い人形を与え、しばらく遊ばせた後に、「どちらの人形が好きか、どちらの人形がよいか、自分と似ているのはどちらか」などのいくつかの質問に答えさせたところ、白い人形の方がよいとした子どもが多くいただけでなく、自分と似ている人形は白い方だと答えた子どもが、かなりの数いたのである。子どもたちの人格形成において、自分のアイデンティティーを傷つけられるほど、差別は心に奥深く入り込んでいくのである。

このようにして、差別に無関心でいられない人々（従って、差別の解消に立ち上がることができる人々）も、人格形成途上で受けた心の傷を回避するため、自己のアイデンティティーを差別者と一致させ、差別を黙認するという結果になる。以上のモデルは、それ自体、大いに批判の余地があると思われるが、ここでは、このような日本社会の状況から憲法学も抜け出ていないことを認めることから始めるために、このようなモデルを提出した。

それでは、九月二十七日に明治大学で開かれた第三部会で行なった私の報告「共同社会・文化・少数者の権利」を紹介しよう。それはおおよそ次のような内容であった。

報告「共同社会・文化・少数者の権利」

●アイデンティティー・クライシス

日本社会のマイノリティー問題の中で最も重要なものの一つは、被差別部落問題である。この問題は次の二つの問題群に分解される。

第一に、被差別部落の形成・維持の歴史を、その資料的制約を克服する方法を模索しつつ明らかにし、その中で被差別民のアイデンティティーの喪失と、その犠牲の上に立った「日本人」のアイデンティティーの確立（天皇制国家はその最終的システムであろう）の歴史を解明することである。

第二は、現在、被差別部落出身者が置かれている状況を、アイデンティティー・クライシスの見地から正確に把握することである。学校差別、就職差別、結婚差別というはっきりした形態の人権侵害の背後にある差別の構造を理解しなければ、差別の解消への道は開けていかないと思われる。差別している側には、はっきりと意識されない「見えない差別」とどうとりくむかが問われている。

これらの歴史的、社会的状況把握において、憲法学が何かを発言できる状況にない。にもかかわらず、私がこの時点で最低限確認しておきたいことが二つある。

まず、第一の問題に即していえば、近代国民国家が形成されていくプロセスの中で、郷党社会の実定道徳を基盤に、教育勅語によって天皇制を媒介とした統一が行なわれたその背後で、社会的差別がまるごと残されてしまったことである。

この差別の固定化は、一八七一年の「賤明廃止令」に対する反対一揆に見られる社会的圧力と、壬申戸籍に様々な形で印された制度的レッテル貼りによって維持されていく。天皇の聖性を数知れぬタブーによって守っていく天皇制国家には、もともと、社会の根底からの平等化は望みえないのみならず、「天皇の赤子」という家族国家イデオロギー（虚偽意識）によって、社会の不平等は隠蔽されていったのであった。

第二に重要なことは、社会的実態把握において意識されることの少ない「見えない」差別が、差別社会の深層を支えていることである。一九二二年、全国水平社が結成されて以来、部落解放運動の一つの中心は、差別表現・行為に対する糾弾闘争であった。日常性の中で、他の人々と違った扱いを受けてきた人々の怒りと憤激が、明確な侮辱や差別に接したとき、大きなうねりとなって、差別される苦しみを叫んだのである。

● 差別をどう可視化するか

問題は、見えにくい日常性の中のより陰湿な差別をどう可視化するかにある。「セクシュアル・ハラスメント」「暴力としてのポルノ」という標語のもとに、フェミニズム運動をリードしてきたキャサリン・マッキノンの一貫した問題意識が、まさにここにある。差別は、彼女にとって何よりも権力(power)の問題であり、男性が支配する社会において、性的いやがらせを受けた女性は沈黙を強いられるだけでなく、それを喜び受け入れるという誤ったイメージで描かれてしまうのである。

被差別部落の存在すら知らない多くの人々にとって、沈黙を強いられ続け、糾弾という形でしか差別の可視化を行ない得なかった人々の状況を理解することは至難の業である。しかも、差別されている状況が、差別される側の責任にされ続けてきたのである。飢え渇き、凍え死んでいく人々を前に、「なまけているからだ」といって済ませ、差別が残存するのは、被差別部落出身者がその出自にこだわり続けるからだなどと、まことしやかにいわれたりするのである。

差別糾弾闘争から最近の差別的表現への抗議運動に至るまで、言語の固定化による権力的抑圧に対し、人間として当然に持つ抵抗権を行使してきたことは、以上の文脈において理解されねばならないだろう。私はかつて『自由とは何か』(日本評論社、一九九三年)という拙著の中で、差別的表現の禁止に伴う議論の不活性化の面だけを強調したが、論ずることを不可能にする主な原因は、やはり差別する側にあるといわざるを得ない。

●日本に欠落するアファーマティブ・アクション

この点でおさえておかなくてはならないのは、一九六五年の「同和対策審議会答申」以来、特別立法のもとで行なわれてきたいわゆる「同和」対策事業特別措置が、住宅の整備、道路・港湾の改修には一定の成果を挙げつつも、差別の深層にある社会的権力の不均衡の問題については何の解決策も示していないことである。より端的にいえば、高等教育機関（特に大学）、及び社会的に信用される職業へ優先的に採用するという積極的措置（affirmative action）が何ら講じられていないことである。

「あらゆる形態の人種差別の撤廃に関する国際条約」が、差別撤廃のための積極的是正策に明示的に言及し、その重要性を認めているのと、日本の特別立法は対照的である。人種差別撤廃条約にいう descent〈世系〉には社会的身分が含まれるから、当然、被差別部落問題も含まれるべきである。

個人の権利か、集団の権利か

以上のような私の報告に対し、各国の参加者から予想外に多くのコメントが寄せられた（第三部会が行なわれた三日目の午前は、ナショナル・レポートの発表に費やされ、討論の時間が取られなかった。にもかかわらず、三日目の報告直後から最終日のフェアウェル・ディナーに至るまで、多くの方々が、この報告について話し合いたいと申し出てくださった）。最後に、これらの方々から寄せられたコメントを記すことにしよう。

これらのコメントは、大まかにいって、次の三つに分類される。

第一は、私の報告内容そのものではなく、日本のナショナル・レポーターが、被差別部落の問題を取り上げたことについてのコメントである。例えば、フィンランドに留学中の日本の憲法学者からは、次のようなコメントを寄せられた。

「フィンランドの政治制度を研究するため留学して一年になりますが、フィンランドの人々は日本に非常に大きな関心を持っています。私もいろいろと質問されて困りますが、特に途方に暮れるのは、日本の少数者差別がどのようなものであるかということを聞かれたときです。日本にいるころ、あまり意識して考えたこともなかったせいもあるのですが、英文で読めるような資料がほとんどないのです」

彼女のいった通り、彼女の友人であるフィンランドの学者がすぐ後に同様の趣旨のことを述べにきた。

第二は、少数者の人権に従来から関心を持っていた人々が、日本の被差別部落の問題と自分たちの問題関心の一致する点と違う点を確認するために行なったコメントである。カナダの弁護士で、自己の所属する宗教団体のために、アジアを含めた幾つかの国で憲法訴訟を担当している方からは、多くの有益な示唆を受けた。社会から疎外されている少数者の置かれている立場にどうしたら敏感に対応できるかについて、話し合うことができた。

最後に、最も重要なコメントについて紹介する。それは、総括を行なったバスタ氏からのものである。彼女は問題提起の中で私が前もって提出しておいた報告書に触れ、私の考え方は「個人の人権なのか、少数集団の人権なのかについて中途半端である」と批判した。

「日本の被差別部落は、独自の文化を持ち、それを維持するために集団としての権利が必要なのか、それとも『部落』は権力が一方的に押しつけた無内容なレッテルであり、個人レベルに解消して考えるべきか」について、私の報告は答えていないと。

この時点での私の回答は、こうである。

被差別部落の解放のためにはそれらの両方が必要である。差別されてきた集団が歴史的、社会的に負担してきた重い共同経験を前提とすれば、その差別の根拠が非合理的であればあるほど、その集団を一つの共同社会としてとらえ、差別解消の道を集団自身の自治を尊重しながら模索していかねばならないということである。

安易な形式的平等論によっては、差別の実態に迫れないのではないか。(1)

(1)　この点についての考察は、本書第Ⅱ部3において、不十分ながら展開した。

コラム1

憲法は今、だれに聞くべきか

「象牙の塔」から「釜ヶ崎」へ

一体、何発大砲の弾が飛び交えば、人々は武器を禁止する気になるのだろうか。ボブ・ディランは、風に聞いてごらんよ、という。

五〇年前、「日本国民は、政府の行為によって再び戦争の惨禍が起ることのないように決意」(憲法前文) したはずではなかったか。その日から大砲の弾が飛び交うのを止めたことはなかった。警察予備隊、保安隊、自衛隊、名こそ違っても、日本は再軍備を行ない、在日米軍は、朝鮮戦争、ベトナム戦争、湾岸戦争と、日本を基地として利用し続けてきた。

沖縄の基地問題は、そんな日本の現実を集約的に表している。しかし、平和を求める沖縄反戦地主の闘いは、「風」に耳を塞ごうとする権力者たちにとっては、耳障りな雑音でしかなかった。昨年 (一九九六年) 八月の沖縄県知事に対する最高裁判所の対応、本年 (一九九七年) 四月の反戦地主の土地を恒久的に収用せんとする特措法「改正」。「憲法の番人」も「全国民の代表」もこぞって、日米安保条約の不可侵性を強調してやまないのである。

国立大の法学部で九年間、憲法を教えてきた私は、故あって、昨年（一九九六年）九月から、大阪の西成に住み始めた。書物や思想の中で学んだ「憲法」。ミル、ロック、ルソー、現代哲学、裁判所の判例。それらを整理分析し、日本の現実をその枠組みで批判、吟味してきた。イギリスに留学し、学生と共に韓国を訪れ、国際交流のお手伝いもした。しかし、被差別部落に足を運んだことはなかったし、三年前まで、釜ヶ崎（日本一の日雇い労働者の街）の名前も知らなかったのである。私を育ててくれた研究機関の中にいる限り、それらは地の果てよりも遠い場所だったのである。

書物によって学べることには限界がある。友人のジャーナリストたちと共に桃山学院大学名誉教授の沖浦和光先生に連れられ、新宮近辺の被差別部落を初めて訪れたとき子どもたちの目の暗さに胸を痛めた。川に面したその部落の堤防は、対岸よりずっと低く築いてあり、生活の糧を得るための漁船もないのだ。それから、沖浦先生のお伴をして、いくつかの部落を訪問した。同和対策事業特別措置が今年で終わろうとしているのに、未組織、未指定の部落が実に多数存在しているのに驚かされるとともに、存在さえ知られていない部落もまだまだ残っているのだ。

一九九五年の国際憲法学会で、日本の人権問題を報告した際、被差別部落の問題を中心に据えたが、報告終了後、予想外に大きな反響を受けて驚いた。その報告の中で、日本の同和対策事業特別措置の問題点として、積極的差別是正策の欠如を主張したが、解放運動に携わってこられた方々から注目していただいた。社会で尊敬を受ける職業への優先的雇用、高等教育機関への一定割合の優先入学。歴史的に疎外されてきた人々に対して、劣悪な環境を改善するために、緊急の対症療法として、住宅や道路の整備だけでは、いかにも不十分ではないかと。

しかし、最近、識字教育のボランティア活動をしているある青年に次のような話を聞かせてもらった。「字が読めないおばちゃん、おじちゃんは、本当にいろいろなことを知っているんですよ。識字を教えに来る人々には、多くのことを学んでいって欲しいんですよ。一方的に教えようとする『先生』が多いんですがね」。マイノリティーの人々が、積極的差別是正策によって、今まで排除されてきた職場や学校に迎え入れられなければならないのは、「一般」と呼ばれている差別する側が、マイノリティーの人々から多くのことを学ぶ必要があるからではないか。

昨年（一九九六年）九月下旬から半年間、釜ヶ崎で三〇年もの間、おにぎりの炊き出しを行なってきた牧師にお世話になった。彼が田中正造の例を引いて、私に警告してくれたことがある。「正造も鉱毒に苦しむ谷中村に入って、教えようとする者の傲慢さに気がついたようです。貴方は、これまで教える立場にあったのですから、釜ヶ崎で本当によく学んで下さい」。

その経験に根ざした叡知としての民衆の文化は、いつも抑圧され歴史の表舞台に登場することはなかった。釜ヶ崎、被差別部落、沖縄。大砲を撃つ人ではなく、大砲が落ちてくる場所に住む人の声に聞く耳を持ちえるのか。憲法を学ぶチャンスは、そこにしかない。

第Ⅱ部　憲法のプラクシス

1　人間の尊厳のプラクシス——国家と社会と個人

寄せ屋やってる連中が寝ている公園回りして、病気の人を病院へ入れなならん。この人らは救急車呼んで、気温が下がると毎晩何人か凍死者が出ます。そんなんで毛布持ったりして、野宿してる公園を回る。一枚の毛布が生死を分ける厳しさです。病人が出て救急車が連れて行ったら、すぐに着替えやらなんか衣類一式かかえて走ります。入院させても着替えがないと、大部屋で、同室の患者さんに気兼ねで居られん。それで逃げ出して一晩に七回も救急車で運ばれては逃げ出すのがおった。自立を促すだけではやり切れんところがある。そこには実状を見極めた援助も必要です。

平井正治「無縁声声」

はじめに

憲法学者の樋口陽一は、早くから国家と個人の二極構造を強調し、人権があくまで個人を主体とすることを主張した。それまでの憲法学説、判例が、安易に法人の「人権」を認めてきたことに対し、イデオロギー批判を行なったのである[1]。

樋口の批判の背後には、フランス革命を理念型とする憲法観がある。国家が中間団体を排除するという形で公共性を独占し、個人を析出していく過程が重視される。個人の結びつきによる自発的結社の重要性も否定できないが、まず個人の析出が行なわれなければならない[2]。

そして、樋口の憲法観の背後には、日本社会においても、家族や会社が個人の抑圧の主体として警戒されるべきであるという、社会認識が存在する[3]。

私は、先に、フランス革命を典型とする憲法観ではなく、民主主義はもともと「国家ではなく社会の論理であった」とするリンゼイ流の民主主義観を対置させるという作業を行なった[4]。

さらに、国家と個人の二極構造を思考実験として重視するよりは、様々な大きさ、性格の社会の成員として、市民が重層的に、相互に負う政治的義務の内容と限界の問題を考察すべきであると主張してきた。これらの作業は、樋口学説を吟味批判するというよりは、代替案を提供しようとするものであった[5]。

本章では、樋口が出発点としている、「国家が公共性を独占することで初めて個人が析出される」という命題自体を批判する。人権、個人に関する公共性は、国家が個人の析出の過程で生産するものであろうか。これが、問である。

素材として提出されるのは、家族からも、社会からも排除され、まさに「裸の個人」として国家・自治体と対峙せざるを得ない、ホームレスと呼ばれる人々の状況である。サラ金の借金に負われることや、刑事事件を起こすなどの理由で、家族からも社会からも見放された人々が、何の保護もなく、国家・自治体と対峙せざるを得なくなったときに、一体そこに何が起こっているのか。

国家・自治体は、それらの人々を「自立」してない人間として扱い、「自立」を支援しようとする。そこでの、「更生」や「自立」が個人の析出であろうか。むしろ、国家・自治体は、「自立」を口実に、ホームレスと呼ばれる人々を公園、道路から排除しようとするだけではないか。ところで、このとき、国家・自治体によって持ち出される「公共性」は、地域社会による要望（という名の偏見）に根ざしている。ホームレスと呼ばれる人々は、公共性にかかわる限りは、地域に属さない「他者」として配慮の対象外に置かれているのである。

ホームレスと呼ばれる人々にとって、人間の尊厳を保持するために考慮されるべき公共性とは何か、を「国家による」「自立」という枠組みにこだわらず、現実に即して考えていく必要が生ずるのは、このためである。国家と裸で対峙せざるを得なくなった個人が、国際社会を含めた他への連帯を求めてつむぎ出す叫びの中に、真の公共性は存在するのではないか。これが本章の結論である。

ホームレスと呼ばれる人々

「ホームレス」という言葉は、もともとは家がなく、路上及び公園に生活している人々をその生活の違いを無視して呼ぶ英語であった。

一九九六年に出版された「ホームレス」という本において、ジェラルト・ダリー（トロント・ヨーク大学）は、「ホームレス」を次のように定義している。[6]

「ホームレスというのは、流動的で曖昧な概念です。安全で安定した住居がなく、居所・地位・生活環境を頻繁に変える人々をこのように呼ぶことがあります。それらの人々がどのような侵害を受けているかは、それらの人々に欠けている保護の欠如がどの程度まで社会的孤立と経済的な貧しさに関係しているかによって決まってくるのです」

ダリーがここでいうように、実は「ホームレス」という言葉において単に家がないとか、簡易宿泊所を転々としたり、簡易宿泊所と路上を行き来したりする現象だけを取り上げるだけでは不足であり、その現象が彼女、彼の社会的疎外や家族との離別とどこまで係わっているか、あるいは失業及び生活不適応（この中には当然精神障害等を含む）とどう関係しているかを考察して初めて「ホームレス」問題を定式化できることである。いうまでもないが、これらの実態の把握にはアンケート調査や社会学的実態調査がある程度有用なものであるが、それよりもむしろ実際彼女、彼の生活の具体的問題に即して共に運動をしたり、カウンセリングをしたりしている市民グループ（或いは個人）からの情報がより貴重であるように思われる。[7]

そこで、日雇い労働者からホームレス状態へと余儀なくされていく過程を、主として、大阪市西成区の釜ヶ崎を舞台に考察することにする。

恐怖と欠乏からの自由

釜ヶ崎（行政用語ではあいりん地区）において、毎年二〇〇名以上のホームレスの立場にある人々が居宅保護を受給する手伝いをしている出会いの家が編集した「ホームレスになりたくない[8]」という報告書の中で、彼女、彼らの生活歴に共通する点として次のことが挙げられている。

「初めて野宿した夜は怖かったのと不安で寝られなかった」

この報告は、ホームレスと呼ばれる人々に対する人権侵害は何よりも恐怖と欠乏からの自由の侵害であるということを雄弁に物語っている。日本国憲法は、前文において「われらは、全世界の国民が、ひとしく恐怖と欠乏から免かれ、平和のうちに生存する権利を有することを確認する」。人権は安心して居住できることが中核となるが、ホームレス状態にあることで、それ自体が踏みにじられているのである。

生存権

次に留意さるべきは、ホームレスと呼ばれる人々の人権侵害が、大阪市をはじめとする自治体及び国家の政策としてなされてきたことである。

釜ヶ崎地区に隣接して設置された、大阪市立更生相談所は、一九七一年に制定された大阪市条例に根拠を置くが、主として釜ヶ崎地区の生活保護の窓口として機能している施設である。社会福祉事務所での相談は、そもそも受け付けてもらえない。この窓口に日雇い労働者で様々な理由から仕事にあぶれている人々が相談に行った場合、どのような対応を受けるだろうか。

まず、鉄格子つきの建物内で、鉄扉で仕切られた個室に入れられ、相談を受けなければならない。結核の医療相談時には、職員は排菌している患者からエアー・カーテンで保護されるが、待合室にはそのような設備はない。六五歳以上ではない限り生活保護法にいう要保護性が認められず、窓口で追い返される。例外は、病気であって府立の医療センターで診察してもらい、診断書を持ってきた場合である。この場合には、医療扶助が認められ、入院等の措置がとられる。しかし、退院したらそれまでである。

六五歳以上であっても、路上や公園で生活しているか、あるいはドヤという簡易宿泊所と野宿を交互に繰り返して生活しているなら、住居不定者と分類され生活保護法三〇条が居宅保護を原則としているにもかかわらず、施設収容の対象とされる。この施設収容を嫌う多くの日雇い労働者は、この要件だけで生活保護の対象外とされるのである。このようなことが、日常的、制度的に行なわれてきた。

なぜ、このような事態が生じたのであろうか。

生活保護法は、具体的な生活保護基準の内容を厚生労働大臣の裁量に委ねている。厚生労働大臣はこれに基づいて生活保護基準を設定し、要保護性の要件と居宅保護の生活水準について原則を決めている。法三〇条は、居宅保護を住宅扶助の原則としているが、「これによることができないとき」例外的に施設保護としている。厚生労働大臣が定めた生活保護基準のどこを見ても住居不定者の収容原則が書いてある訳ではない。

現場の福祉担当職員は、市立更生相談所条例に、同相談所の権限として施設保護しかないから、居宅保護はできないと佐藤訴訟の一審で証言したが、上記条例にはそのような規定はない(9)。次に行政から主張された理由は、生活保護法施行細則第二条第二項の解釈として出された通達であった。しかし、ここにも、住居不定者には居宅保護ができないと書いてある訳ではない。「転居の場合の敷金」の規定があっただけである。この文言を盾に、新入居には敷金を出せないというのである。

大阪市は、厚生労働省の通達だから仕方がないといい、厚生労働省はそのような政策はとっていないという、責任回避の実態がある。

その後大阪市は、ホームレス状態にある人々が、生活保護受給する道を開き、居宅保護を認めやすくした。しかし、舞洲《まいしま》に大規模な「自立支援センター」を設置し、居宅保護への大きな関門を設けている。

舞洲に入所するホームレス状態にある人々は、二〇代から四〇代の若年層が多く、入所後一ヵ月は、「アセスメント」(評価)と称して、仕事を捜すことも禁止される。何ヵ月か経って、やっと仕事を捜せる他のセンターに移されるが、「自立支援センター」からの就職活動はほぼ絶望的である。半年後にやっと出れる先は、「居宅保護」であるという実態がある。

社会保険からも、健康保険からも年金からも見放された、日雇い労働者が何らかの理由で労働力を喪失したり、不景気や経済的理由によって失業を余儀なくされた場合、或いは老齢で働けなくなった場合、それこそ生活保護という手段しか残されていないのである。

にもかかわらずこれらの人々は、まさにこの生活保護法から最も遠い位置に置かれているのである。これがホームレスという立場を「余儀なくされている」ことの実態である。彼女、彼らが生活保護から締め出されている根拠自体が法に基いていないところに大きな問題があると思われる。

権限(エンタイトルメント)アプローチ

「ホームレス」は怠けているからそのような状態に陥っているという、社会の根深い偏見が存在する。そのような偏見を打破するには、社会経済的事実を学問的に検証する必要がある。そこでこの状態を検証するために、経済学の業績を応用してみることにする。

市場経済を前提とする資本主義経済学は、景気の循環と恐慌の問題を視野に入れて修正資本主義の経済学を発展させてきた。しかし、貧困とその結果としての餓死を視野に入れた分析は、学問的レベルに達していなかった。一九四三年にインドのベンガル地方で発生した大飢饉は、三〇〇万人もの餓死者を出したが、農業生産力の低下によっては説明できないものであった。このことに着目したインド出身のセンは、貧困と飢餓の問題を中心においた経済学を構築し、先ごろノーベル経済学を受賞した[10]。この業績を参照しよう。

生存がおびやかされる状態である飢饉について、食料の総供給量の減少が主要な原因であるという神話が根深く存在した。つまり、社会全体が豊かになれば飢饉は防げるという考え方が支配的であった。センは、このような神話を打ち破り、飢饉は食料総供給量の増加の場合にも発生すること、飢饉は全ての階層に平等に起きるわけではなく、ある特定の貧困層に不平等に発生するものであることを証明した。

食料と住居は、後者を提供する財が数種類に限定されているという違いがあるが、いわゆる基本財であるから前記のアプローチが、ホームレス問題の分析にも適用可能であろう。

センの提唱する飢餓と貧困に対する分析道具である、権限（エンタイトルメント）の概念を次にみてみよう。権限（エンタイトルメント）という概念は、各人の食物に接近する力の強さ、それは賃金を獲得する可能性と担わされている社会的役割に深く結びついているが、何よりも法的権利・制度の問題である、とされる。

権限のうち、ある人が有する「交換」権限は、生産関係に占めるその人の位置によって決まる。例えば、サイクロンが農場の一部に損害を与えて、工作に必要な労働量が減った場合、日雇い農業労働者の中には、首になって交換権限を崩壊させてしまうものが出るが、生産物の一部を手にできる小作農の場合、労働投入量を減らして権限も悪化してしまうけれども、完全に失業してしまうものは一人もいない。飢饉が労賃に対して食費の急激な上昇を伴えば、前者のほうが圧倒的に飢饉の犠牲者になり易い。ベンガル大飢饉はまさにこのことを例証した。

資本主義経済において、賃金労働の可能性と同様に重要な権限が福祉及び社会保障制度への権限である。イギリスやアメリカ合衆国で高い失業率にもかかわらず、飢饉に陥らないのは、所得や富が平均して高いことが原因ではない。むしろ、社会保障制度のおかげで最低限の交換権限が保障されているからである。

以上のセンの考え方をホームレス問題に当てはめてみよう。

釜ヶ崎の日雇い労働者そして野宿を余儀なくされている者たちは、賃金労働へのエンタイトルメントを日雇い労働という非常に不安定な労働に依存する。職業安定所による職業紹介も無い。生活保護の点については前記の通りである。日雇い労働形態に見合った年金もない。失業保険の受給資格は、二ヵ月で二六日以上働かないと認められていないのである。即ち、彼らは年金、失業保険、生活保護を含めた福祉へのエンタイトルメントを著しく閉ざされた立場にある。

しかも釜ヶ崎の労働者の殆どが様々な理由によって、家族との交信さえ途絶えた社会的疎外者と位置づけられるから、その面でのエンタイトルメントつまり扶養というエンタイトルメントという可能性も全く閉ざされている。

センはいう。

エンタイトルメントに注目することは、法的権利の効果を強調することである。他の関連する諸要素例えば市場における競争力は法的諸関係のシステムを通して作動すると見ることができよう。ここにいう法的諸関係のシステムとは所有権、契約に基づく義務、法的な交換等である。法こそが食物の獲得と食物のエンタイトルメントの間に存在する。餓死は、無常なまでに合法性を反映するものである。

そうだとすると、毎年、一〇〇名程度の路上死が生ずる、釜ヶ崎において、社会構造的に我々はそのような死を合法化してしまっていることになる。近年ようやく、国、自治体において「ホームレス」に対する施策がとられるようになったが、これらの事態は改善されつつあるのか。

◎――ホームレス特別措置法の施行とその問題点

二〇〇二年急増する「ホームレス」を余儀なくされる人々への対策として、ホームレス特別措置法が制定された。そこで、我々もこの法律の内容を分析してみよう[11]。

ホームレス特措法とは、「自立の意思がありながらホームレスとなることを余儀なくされた者」が、「自らの自立に努める」ことを支援するための法律である（第一条、第四条）。「ホームレス」が自立した状態とは、就業の機会、安定した居住の場所、保健及び医療が確保された状態をいうが（第三条第二項）、特に「自立のためには就業の機会が確保」されることが最も重要である（第三条第二項）。

法の対象となる「ホームレス」とは、「都市公園、河川、道路、駅舎その他の施設を故なく起居の場所とし、日常生活を営んでいる者」（第二条）であるが、「ホームレスとなることを余儀なくされるおそれのある者が多数存在する地域」に居住する、「おそれのある者」も、「ホームレス」となることを防止する施策の対象になる。

法は、具体的には、ホームレスを多数抱える自治体とホームレス支援民間団体への補助金等の交付を国に義務づける（第一〇条）。

「ホームレス」となることを余儀なくされた者が多数存在し、「ホームレス」となっていない地域住民と「あつれき」が生じているのは事実である。

法が、特別措置法を作成し、具体的施策を実施するためには、多くの住民が何故、包括的な人権侵害を受けた状態である「ホームレス」状態に立ち至ることを余儀なくされたかについての原因分析が最低限必要である。特に法は、ホームレスが二五条違反であることを明言するから、この分析は憲法上の要請でもある。

しかし、この特別措置法は、どこにもそのような原因分析の成果を取り入れていない。それどころか、「ホームレス」を一つの身分であるかのように扱い、「国民」と「地域住民」から区別して、別異に扱っている点において、法の下の平等に形式的に反している。

更に、地方公共団体の計画策定について、「地域住民」と「民間団体」の意見を聴くよう努めるとしながら、「ホームレス」自身を参加させない点で、ここでも形式的平等さえ達成されていない。

これは、「ホームレス」が「故なく」、公園、道路などを占拠し、「ホームレス」が「自立」していない人間だと決め付ける法の出発点が実質的意味の平等に反していることに起因する。法のいう「自立する意思」とは、即ち、「ホームレス状態」を脱する意思ということになるが、「ホームレス状態」にありながら「自立」している人々が多数存在する現状が全く把握されていない。

それどころか、一方で、「ホームレスが多数存在する地方公共団体」というレッテルを認め「ホームレス」となる原因が社会構造的なものであることを法は認めながら、なぜその地域が「ホームレス」を多数生み出すかは一切不問に付されている。

法の完結性はここで全く崩れてしまっている。ホームレス問題とは、前述したように、現在、「ホームレス」を多数生み出している地域問題、とりわけ、日雇い労働者の就労機会の著しい減少、「寄せ場」と差別的にいわれてきた場所をバイパスして、より安価な労働力を求める企業の問題であることが全く放置されている。

これらの問題は、ピンハネする業者を認める福祉センターを発足させ、日雇い労働について、職業安定所即ち国が、安定した就業の機会が確保する努力をしなかったから生じた問題である。まず、何よりも「ホームレス」の立場にある人々の声を反映させる制度が必要であるが、特別措置法は全くその制度を欠いている。

国は、職業斡旋の欠如、失業対策の不完全、年金、生活保護の不平等適用によって多数の「ホームレス」を生み出した張本人である。その原因を認めることが最も重要であるだろう。

特別措置法が創設しようとする雇用は、日雇い労働的なものに限られるから、以上の事態について何らの改善はない。

それどころか、法一一条は、「適切な措置」として、「ホームレス」を余儀なくされる人々を公園、道路から強制排除することを正当化しようとしている。次にこの点につき項を改めて検討する。

◉大阪市立今宮中学強制排除事件

一九九八年一二月二八日、釜ヶ崎地区に隣接する、大阪市立今宮中学校の南側歩道に住む約八〇人の「ホームレス」が行政代執行によって、テント住居から排除されるという事件が起った。一二月末という最も寒さの厳しいときに、無情にも行なわれた措置は、「地域住民」という名のPTA、市教委、地元商店会が市会議員により市に圧力をかけて、実現させたものであった。原告の一人は、代執行の前日に死亡。他の一人は、代執行の翌月結核で入院した。現在（二〇〇四年九月）控訴審係属中であるが、これまでに五名が死亡している。

「ホームレス」も青空自治会を形成し、市と交渉したが、「せめて春まで」という願いも空しく、全員排除されたのである。道路法の除却命令を発し、代執行を実施した大阪市は、事前行政手続を行なったが、生活保護法の原則である居宅保護という選択肢が彼らに与えられることはなかった。排除された人々の中には、老齢、病気などの人が多数いたにもかかわらずである。

道路、歩道の通学路、地域道路としての公共性についても、ＰＴＡ、学校、地域商店会は、道路の閉鎖さえ提案していたのであるから、疑問符が付く。

二〇〇一年、日本政府は政府報告書を社会権規約委員会に提出したが、その報告書に対する最終見解において、同規約委員会は、主たる懸念事項において「特に大阪釜ヶ崎地区の多数のホームレスの存在を憂慮している」としたうえで、「強制立ち退き、特に、仮住まいのホームレス、ウトロ地区に長期にわたり住宅を持っている人々に対する強制立ち退きを憂慮している」「委員会は、日本政府がすべての立ち退き命令、特に、仮処分命令による立ち退きが、委員会が一般的意見４、７で詳述したガイドラインに一致することを確保する是正措置をとることを勧告」した。

上記勧告は、社会権規約委員会のアイベ・リーデル委員（ドイツ・マンハイム大学教授）が二〇〇一年七月に釜ヶ崎を含めた、日本を視察して起草したものである。

同委員は、強制排除させられた「ホームレス」の人々が提起した損害賠償請求訴訟の控訴審（大阪高裁第三民事部）において、二〇〇三年一〇月八日、専門家証人として証言した。同委員はまず、委員会を代表して証言すると明言したうえで、社会権規約一一条（その解釈のガイドラインは一般的意見４、７で示されている）の適切な居住を受ける権利の内容として、影響を受ける人々との真正な協議とともに、立ち退きを命ずる場合には、排除される人々へ恒常的な代替措置が与えられなければならないと証言した。[12]

同委員は、これらの義務は、居住権の中核（minimum core）であり、直接国内裁判所で適用可能な権利であるとしたうえで、代替措置の具体的内容として、屋根と壁があり、暖房と食事を用意する場所があり、シャワートイレ等の衛生が整っているという必要最低限を保障すべきだと証言した。同委員によれば、大阪市は、一二月二九日から一月七日まで大阪南港に臨時宿泊施設を用意したが、これは、その期間が済んだら再びホームレス状態に戻ることが違法であるし、あいりんセンターが冬季に開放されているといっても、暖房も食事も準備できない（水シャワー）、吹きさらしの場所であり到底、ミニマムコアを満たさないと明言した。

人権規約の国内実施は、最終的に国内裁判所に委ねられるが、[13]同委員の力強い証言は、原告らの「ホームレス」の人々が、「ホームレス」状態にあること事態を自分の罪であるかのように責められる現状において、むしろ責めを負うのは、そのような状態を放置している市民であることを明らかにした点で、彼女らを大いに勇気づけたと思われる。

このような代替案がないまま、「ホームレス」の人々の参加もなく行なわれる強制排除は、社会権規約一一条に違反することは明らかであろう。

ホームレス問題における公共性とは何か

以上みたように、国家・統治団体は、個人として何らのエンタイトルメントをもたない「ホームレス」となった人々を、排除し、法の保護の対象から疎外している現実がある。

長年日雇い労働を課せられ社会に貢献してきた人々は、日雇い労働形態に適合した年金がないため、生活保護に頼らざるを得なくなる。

六〇歳を過ぎればほとんど仕事がないが、年金との関係で法の根拠なしに定義されている六五歳という「老齢」の壁があり、生活保護も受給できない。たとえできたとしても、施設に収容される。近年若年層の増加により、六五歳という枠はなくなったが、先に指摘したように、「自立支援センター」が次なる関門となりつつある。

法は、「ホームレス」状態を余儀なくされた人々を「自立」していない人間と決め付けてしまった。国家の定義した「公共性」からみれば、もはや労働をしなくなった彼らは、地域社会の一員ではなく、排除されるべき厄介者でしかない。彼らの生の営みは、道路法上、都市公園法上、不法な占有物であり、除却の対象でしかない。

彼らを待っているのは、テントを取り払う代償として与えられた、プライバシーも（食事も枕も）ないシェルターと呼ばれる収容所と、ネクタイをして彼らに職探しを強いる自立支援センターである。

特別措置法制定に際しては、「ホームレス」の人々の声は聞かれることはなかった。「自立」せず、「故なく」公共用物を占拠する彼らに、参加の資格を否定するというのが法の論理である。[14]

これらの事態は、公共性に対する構造転換を迫る。

公共性とは、国家や統治団体が法などの制度によって定義するものではなく、「ホームレス」の立場を余儀なくされる人々が、他者への連帯を求めて行なう個人の叫びから聞き取られるものではないか。

彼らこそ、社会の一員であり、彼らの参加した話し合いの中でしか、我々の国家、統治団体は「公共性」を理解できないのではないか。彼らの視点でみて初めて、公共性が見えてくるのではなかろうか。[15]

強制排除についていうなら、歩道を通学、通勤に使いたいという市民と、そこに住むしかいくところがないという市民とどちらの必要、主張が優先するか。公園を遊び場として使いたい、散歩したいジョギングしたい、花を見たい市民と、そこに住むしかない市民とどちらの必要、主張が優先するか。

社会における市民相互の政治的義務を考慮するなら、後者の主張をする市民が参加する効果的（効果的とは、結論が先取りされていないという意味である）話し合いの中で、後者の主張に耳を傾けながら、適切な代替施設（例えば、生活保護を伴ったアパート生活）を用意したとき初めて、前者は後者に立ち退きを要求できるのではないか。

政治的義務はまず、その状況で当事者に人間として実行可能なものでなければならない。[16]

自立は、国家によって析出される個人の「公共性」によっては達成できないのではないか。(17)

(1)　宮沢俊義は、科学としての憲法学を標榜し、美濃部達吉の立憲主義憲法学が、明治憲法の科学的認識に資するのではなく、国民代表概念に典型に見られるように、むしろ現実を隠蔽するイデオロギーとして機能することを批判した。宮沢俊義「国民代表の概念」『憲法の原理』（岩波書店、一九六七年〔初出一九三四年〕）。
　法人の人権という定式が、中間団体により個人の抑圧を行う点を無視ないし軽視させていること、つまり「人権」が人権抑圧を隠蔽するということ、を批判してきたという意味で、樋口の主張は一種のイデオロギー批判であるといえよう。

(2)　樋口陽一『自由と国家――いま「憲法」のもつ意味』（岩波書店、一九八九年）特に第三章。同『近代国民国家の憲法構造』（東京大学出版会、一九九四年）特に第四章。同『転換期の憲法?』（敬文堂、一九九六年）第二章。同『憲法――近代知の復権へ』（東京大学出版会、二〇〇二年）特に第九章。樋口が、国家によって析出される個人というとき、日本国籍保持者が想定されていると思われるが、講和条約が発効した一九五二年四月二八日に旧植民地出身（実際は、戸籍法の適用の有無が選別基準となったので、半島の戸籍令に登録されていた旧「内地人」も国籍を喪失した）という名目で、自らの意思によらないで国籍を喪失した「在日」の問題が議論から抜け落ちている。『憲法――近代知の復権へ』第九章は、「外国人」の公務就任権を主権原理の例外ととらえ、公の意思の形成に参画するものでない限り、人権としてできる限り尊重すべきだと主張する。そこでは、自治体によって管理職の登用試験を拒否された原告が「在日」であり、まさに、日本社会の公の意思形成に参画する資格と義務があるのではないかという主張は視野の外に置かれる。

(3)　樋口はいう。「日本の場合にもし実質的価値や伝統への言及が行われたとしたら、団体による自由を説くに足るほどの伝統が欠けており、村落共同体から旧・家族制度に至るまで、中間集団が権力への抵抗要素であるよりも、その下請け機構としての性格をより強く持っていたことを、否応なしに想起せざるをえなくなるはずであった」（樋口・前掲註（2）『転換期の憲法？』七〇頁）。

（4）樋口陽一編『ホーンブック憲法〔改訂版〕』（北樹出版、二〇〇〇年）第五章〔遠藤比呂通執筆〕。なお、この点に関し、参照、永岡薫編著『イギリス・デモクラシーの擁護者A・D・リンゼイ、その人と思想』（聖学院大学出版会、一九九八年）。国家による個人の析出という枠組みから脱落するのは、「在日」の問題だけではない。国家が創設・維持している戸籍制度は、結婚時における戸籍調査の事例が跡を絶たない点に端的に現れているように、社会に巣食う根強い差別意識に支えられ、部落差別という形で、多くの人権侵害を起こしてきた。部落差別は何よりも結婚差別に見られる、社会的関係による差別である。国家による「個人の析出」という枠組では、同和対策事業特別措置の位置づけはできないのではないか。この点につき、遠藤比呂通「『見えない差別』とどうとりくむか――国際憲法学会の部会報告を終えて」部落解放四〇〇号（一九九五年）。本書第Ⅰ部4所収。

（5）遠藤比呂通「積極的平和論の基礎」『現代国家と法（岩波講座・現代の法Ⅰ）』（岩波書店、一九九七年）（後に『市民と憲法訴訟』所収）。市民相互の政治的義務論に対しては、小泉良幸が「規範を状況に融解せしめるもの」であるとの批判をしている。小泉良幸「リベラルな共同体――ドゥオーキンの政治・道徳理論」（勁草書房、二〇〇三年）。

政治的義務は、個々人が他者との関係でコミットメントするとき生ずる。国民国家の遵法義務が人々の意識に浸透している現代において、政治的義務の主張が意味を持ちうるのは、国家より小さい社会の成員としての相互義務の場合である。

換言すれば、国家への抵抗権としての人権との関連で重要なのは、宗教団体、自治団体などのメンバーとしての政治的義務・行為である。そこでは、国家への抵抗は、国家の正当性（従って遵法義務）を認めたうえで、「限定された」主張として行なわれることになる。

小泉が批判した拙稿は、反戦地主の革命権を正当化したのではなく、より限定的に、反戦地主の主張が、読谷村、沖縄県の首長によって支えられており、その結果生じた内閣総理大臣による沖縄県知事に対する職務執行命令訴訟では、反戦地主の村、県、国のメンバーとしての政治的義務の主張を、憲法解釈に際して、最も重要な要素として考慮すべきであった、と論じたものである。

この点については、マイケル・ウォルツァー［山口晃 訳］『義務に関する一一の試論』（而立書房、一九九三年）第一章が参考になろう。

（6）Gerald P. Daly, "Homeless," Routledge, 1996.

（7）藤井克彦・田巻松雄『偏見から強制へ――名古屋発・ホームレス問題を考える』（風媒社、二〇〇三年）。

（8）出会いの家 編『ホームレスになりたくない』（エピック、一九九六年）、平井正治『無縁声声』（藤原書店、一九九七年）。

（9）左耳が難聴である原告の居宅保護申請を却下し、施設収容とした市立更生相談所所長の決定は違法であるとして争った訴訟。この訴訟において、本文で述べたように、生活保護法の解釈として、「住居不定者には居宅保護が認められない」という被告側の理由は二転、三転した。最終的に、控訴審で主張されたのは、生活保護を申請する側が、入居先のアパートを自分で準備していないからであるというものであった。これはもう、詭弁としかいいようがない。

二〇〇三年一〇月二三日大阪高裁民事六部判決は、前記所長の処分は、法三〇条の居宅保護原則に反し、居宅保護の実施にかかる調査義務に違反するという理由で取り消されるべきだとした。前記所長の上告断念で確定した。

なお、厚生労働省は、二〇〇三年七月三一日、「住居不定者にも居宅保護が可能である」という通達を出す一方、窓口となる全国の係長に対し、「保護施設や無料低額宿泊所等で生活実態を把握してから居宅保護が可能かを判断せよ」という資料を配布した。この通達は、新たな収容保護の根拠となりかねないものであり、生活保護法三〇条に照らして、厳格に監視されなければならない。釜ヶ崎医療連絡会議 IMAGINE 五号（二〇〇三年）。

（10）アマルティア・セン［黒崎卓・山崎幸治 訳］『貧困と飢饉』（岩波書店、二〇〇〇年）。

（11）小柳伸顕「『ホームレス問題』と『特別措置法』――ホームレスの自立の支援等に関する特別措置法を読む」年報・寄せ場一六号（二〇〇三年）一四八頁。

（12）原審判決は、大阪地裁二〇〇一年一一月八日第七民事部判決［平成一〇年（行ウ）第八一号事件］。リーデル証言は、控訴審第四回口頭弁論調書に収録されている［大阪高裁平成一五年（行コ）一〇二号事件］。

(13) この点を含めた社会権規約上の居住権については、社会権規約NGOレポート連絡会議編『国際社会から見た日本の社会権』(現代人文社、二〇〇二年)、熊野勝之『奪われた居住の権利』(エピック、一九九七年)、阿部浩己『国際人権の地平』(現代人文社、二〇〇三年)。

(14) エリク・エリクソン［五十嵐武士 訳］『歴史の中のアイデンティティ――ジェファーソンと現代』(みすず書房、一九七九年)。エリクソンは、本書で、セルフ・メイドマン(自立した男性)というアイデンティティーがジェファーソンを支えていた事実を指摘したうえで、これが女性、黒人、障害者を排除する否定的アイデンティティーであったことの問題点を描き出している。そのうえで、エリクソンは、本稿にとっても重要な次のような指摘を行なう。

「若いときには、人は、自分がしたり、なったりすることに関心を持ちます。そして、大人になりたてのころは、誰と一緒にいるかに関心を持ちます。しかし、大人になると、自分が誰を配慮するかに関心を持つようになるのです」(前掲書一六〇頁、ただし、改訳)。我々が自立した大人として、他者を排除することなく、アイデンティティーを持ちうるのは、社会の最底辺にいる人々への配慮を中心に据えたときのみであるという、厳粛な事実を彼は示唆しているからである。

(15) 林竹二『田中正造――その生と戦いの「根本義」』(田畑書店、一九七七年)。田中正造が、足尾鉱毒事件において、衆議院議員を辞め、天皇の直訴をへて、水没させられる谷中村に残った一八戸一〇〇数名の村民とともに、明治政府と闘ったとき、田中にとっての公共性とは谷中の村民がそこに残留するという決定をしたことであった。そのとき、田中はもはや、人権を村民に教える名主ではなく、人権を村民から学ぶ市民に変容していたのであった。

(16) なお、構成的コミットメントによって生ずる比較不能の価値の多元性を超然と認識することが憲法学の任務であるとする、長谷部恭男の立場に対し、合理的議論を不可能にするものである、という批判をかって、私は行なった(杉原泰雄・樋口陽一 編『論争憲法学』日本評論社、一九九四年)。

この批判に対し長谷部は、現実の世界における価値の比較不能性は不可避であるから、むしろ理性の限界として認める方が、数学的合理性とは違った意味での、現実世界での衝突する利益と主張の対話を通じた理性的解決が可能になると反論している。長谷部恭男『比較不能な価値の迷路』（東京大学出版会、二〇〇〇年）三七頁。長谷部のいう、構成的コミットメントの対象である価値とは、例えば、「個人の根源的な平等性」といった概念である。そのうえで、長谷部は、「人権を保障するリベラルな民主社会は、その発生が偶然であると同時に理論的にも必然的根拠を欠いた存在であり、それを支える価値にコミットしてはじめてその意味を理解することが可能となる」という（八二頁）。そして、「人権が大切であることを、ポストモダン状況を生きる我々は、エアコンのきいた部屋でお茶をのみながら、ボスニアの惨状を伝えるテレビや新聞を見ることでしるのだ」というシニカルな認識を示す（八三頁）。

私は、長谷部と「憲法学の根本問題は、なぜ人が他の人に服従し拘束されねばならないか」であるという点において、共通する。ただ、長谷部は、義務の根拠であるコミットメントの対象は、価値概念そのものであると主張する。

私は、共同体の維持・創設に関する政治状況において、人が共同体のメンバーとして具体的行為を行なうことがコミットメントの対象であると考えている。後者のように考えて初めて、歴史的制約の中で人間社会の可塑性の限界を踏まえた、個人の行動の正当化について、合理的に議論が可能になると考えるからである。政治的「行為」の議論については、前掲・註（5）のウォルツァーの本に付された訳者［山口晃］解説に多大な示唆を受けた。

(17)　樋口陽一は次のような注目すべき指摘を行なう。「私は、公共社会の運用を問題とする場面では、……民主主義と立憲主義をいったん対抗的なものとしてつきつめて理解しておくことが必要だ、とするのである。その私が、『人』権と人間の尊厳の話になると、つまる所その両方を『人』権の中に包み込むのはなぜか。『個人』がそれ以上に分割不可能である以上、緊張関係にある形式と実質の両方を、そのまま同時に抱え込む以外にはない、と考えるからである。そして、そのことによってしか、近代の枠組が漂流のままに流れてゆくことに『待った』をかけることができないだろう、と考えるからである」。同「人間の尊厳VS人権?」UP三七九号（二〇〇四年）一頁、六頁。ここには、常に自らを問い直す学問人の姿がある。

コラム2

釜ヶ崎通信——Kへの手紙

「日本一の日雇労働者の街、釜ヶ崎」といっても、釜ヶ崎の労働者及び元労働者（年に応じて、「大将」「先輩」「にいちゃん」と呼び合っています）は、「釜」としかいいませんけどね。

九年間勤務した仙台の大学を辞めて、学生諸君との最後のコンパで二日酔いのまま、昨年（一九九六年）釜に辿り着いてから、早、半年が過ぎました。御無沙汰しております。

近況報告をせよということで、手紙を書くことにしました。学生時代以来ですね。まず報告しなければならないのは、仕事のつらさです。朝五時。センターと呼ばれる寄せ場にはりきって出かけても、仕事にありつくとは限りません。あぶれが三日も続くと、労働意欲が薄れるのは当然ですよね。そこを何とか乗り越えて足繁くセンターに通い、仕事にありついたとしましょう。どこで、どんな仕事が待っているのか。現場にいってみなければ分からないのです。その現場で釜の先輩たちは、本当によく働きます。しかも、汚い、危険な仕事はみんな釜の先輩たちにやってきます。労働災害は、揉み消されるのが殆んどですが、認定されているだけで驚くべき数に達しています。

一日の労働を終え、釜に帰ってくるのは早くて夕方五時半。遠方に出かけたりしていると、七時を過ぎます。朝早く（四時頃）起きなければなりませんから、釜の夜は早いんです。九時を過ぎると人通りはまばらです。飯を食って、風呂にはいって、一杯飲んで。毎日仕事に出たら、殆んど時間などありません。仕事のきつさもあって、仕事に出られるのは週に三〜四回。一日手取り一万三千円平均として、月収二十万円程度。ドヤ賃、食費、風呂代等の生活費を払えば、遊ぶ金などろくに残らないということになります。一人の先輩がしみじみといってました。「にいちゃん、しんどい仕事ほど、給料は安いんやで」。

二番目に御報告したいことは、ここには家庭がない、ということです。日本（アジアの日本以外の地域から来た人々の数も増えていますが）のあちこちから、一人で釜にやってきた男たち。妻帯者もいるにはいますが、例外です。家族が扶け合って、重労働を支えるということは、ありません。広くても二畳のドヤに住んで、楽しみといえば、酒、パチンコ、競輪、競馬。

現場へ行き、帰るライトバンの車中の話題は、「女とバクチ」の話が殆んどです。パチンコですった話から、テレクラで高校生と知り合った話まで。うむことなく続きます。スナックの女性を口説くには、お金と暇がない、といったところです。

パチンコ、競輪、競馬ですった話も盛んです。何でこんなにしてまで、ギャンブルをするのかというくらい、みんなおけらになるまで、つぎ込んでいるのです。ひとしきり話をした後、一人の先輩がぽつりといいました。「帰ったら、めしをつくって待っていてくれる女性が一番よね」。みんな黙り込んでしまいました。淋しいんですね。ジェンダーの問題を抜きに釜を語れませんが、それは今度にしましょう。

きつい仕事を一人ぼっちでやり続けていくのが大変なのに、釜には、恐ろしい労働者の敵がいます。何だと思いますか。それは、シノギと呼ばれる強盗です。西成警察は、シノギを一切、取り締まりません。見方によったら、シノギより警察の方が労働者の敵かもしれませんね。警察は、釜の人々を全く保護しないだけではなく、日々、人間としての尊厳を傷つけながら、監視の対象としているのです。

釜の街全体が、警察の監視カメラによって見張られているのです。シノギが、青カン（野宿）しているホームレスの人たちや、酔った労働者に襲いかかっても、警察は動こうとはしません。被害届さえ受け付けないことが多いのです。西成警察は、暴動などが起きないよう、釜の先輩たちを監視するためにあるのであって、彼らが、強盗にあおうと、けんかをしようと、バクチが行なわれようと、おかまいなしなのです。暴動の原因の一つが、このような警察の態度にあることから考えると、警察のやっていることを軽く見ることは許されません。

それでも、釜にいて、仕事があるうちは、何とかなります。働き続けて、五十台半ば、六十歳に近付くと、全く雇い入れられなくなってしまうのです。厳しい現実がここにあります。働こうという意思が十分にあっても、受け入れられないのです。収入を得るためにダンボールを集めながら、青カン生活が始まります。ここが御報告申し上げたい、最大のポイントです。つまり、釜の日雇い労働者は、ホームレスになるように宿命付けられているのです。長年の重労働の見返りとして、「橋の下に寝る自由」が保障されるのです。

もっとも、大阪で、ホームレスの人々が本当に「橋の下に寝る自由」を持っているのかというと、残念ながら、そうではないのです。地下鉄、JRの駅構内から締め出されるのみならず、公園、歩道橋の下からも追い立てられ、高速道路や線路下のダンボールの家は、撤去されてしまうのです。最近、若い人たちによる「ホームレスいじめ」もひどいものがあります。

行政は一体何をしているのでしょうか。生活保護は受けられないのでしょうか。日本国憲法は、全ての国民に、「健康で文化的な最低限度の生活」を保障していたのではなかったのでしょうか。

三年前の夏、初めて釜に来たとき、釜の先輩に、「日本に憲法があるんか」と迫られ、一言もなかったことを思い出します。教壇の上から、悦に入って人権を説いていた自分の姿をみ抜かれたようで、ショックでした。大阪市は、全く憲法に反する生活保護政策をとっているのです。アパートや持家のない住居不定者には、生活保護受給資格はないというのです。アパートを借りる金がなく、青カン生活を続けている人たちを排除するための、差別であるといわざるを得ません。

最後に一言。私もそうでしたが、釜に入り、何らかの体験をし、驚きを持った人々は、どうしたらこのような事態が改善されるのかについて、性急に答えを捜そうとします。

しかし、釜の人々がここにくるようになった事情は千差万別であり、釜の現実も一人ひとりに違ったものとして存在しているのです。

例えば、ある労働者にとっては、生活保護を受給することが喫緊の課題であるし、他の労働者には、高齢でも働ける仕事を確保することが必要である、というふうに。私が体験したことはごく限定されていますから、全てを網羅することはできませんが、釜で二十年、毎年二百人以上の人々を生活保護受給させる手伝いをしているあるキリスト者によれば、共通しているのは、日雇労働者に適合する年金制度が必要であるということです。（出会いの家 編『ホームレスになりたくない』エピック、一九九六年、をお読み下さい）

私の最初の半年間は挫折の連続でした。釜の人々と距離を置いてつき合ってみても、所詮きれいごとですね。まだ書きたいのですが、取り急ぎ近況報告だけにします。また釜に遊びに来て下さい。一緒に飲みましょう。

2 市民性のプラクシス――「逃れの街」釜ヶ崎

職業紹介をしない公共職業安定所

大阪市西成区釜ヶ崎にあいりん公共職業安定所がある。

全国最大規模の日雇い労働者の街釜ヶ崎にある職業安定所である。

朝八時から一五分程度、いわゆる白手帳(1)と呼ばれる日雇労働被保険者手帳を提出させ、列が途切れた瞬間、鉄のシャッターを有無をいわさず閉ざしてしまうという異常な光景が毎日この職業安定所で起こっている。

日雇い労働にあぶれた人々に対し、職業安定所は、当日の失業給付（日雇い労働の場合は、日雇労働求職者給付金と呼ばれる）を一一時から交付する。ほぼそれだけがこの職業安定所の仕事である。

職業安定所は、雇用保険法に基づいて、失業給付を支給するという仕事だけではなく、より重要な仕事として、職業安定法に基づく職業紹介を行なうことを職務とする。

現に職業安定法第八条第一項は次の通り規定する。

「公共職業安定所は、職業紹介、職業指導、雇用保険その他この法律の目的を達成するために必要な業務を行い、無料で公共に奉仕する機関とする」

職業紹介を行なうことができるのは、公共職業安定所だけでなく職業安定法の許可に基づく無料の職業紹介事業は確かに存在する。釜ヶ崎でも財団法人西成労働福祉センターという大阪府が管轄する無料職業紹介が行なわれている。

現に多くの労働者は、センターと呼ばれるこの財団法人を通して「職業紹介」を受けている。しかし、その「職業紹介」は、職業紹介という名に値しない相対方式で行なわれている。即ち、ライトバンに乗った人夫出しとか、手配師と呼ばれる人たちが、センターに登録するだけで、労働者を現場に連れて行ってしまうのである。

このような方式では、労働基準法が禁止する多額のピンハネが原則となるし、労働条件が明示されないために、どこで、どんな仕事をするのか、いつまで働くかも分からない、極めて不当な条件を押し付けられる結果となる。勿論、賃金支給も確保されない。

それだけでなく、公共職業安定所の職業紹介ではないため、現場に行ってから天候等でその日あぶれても、失業給付を受けられないという不利益もある。

ところで、あいりん公共職業安定所が失業給付を行なうためには、その前提として労働者が公共職業安定所に出頭するだけでなく、当然求職の申し込みをしなければならない。常識で考えてもその日仕事にあぶれたからこそ、失業給付を貰うという関係になるはずである。

しかし、あいりん公共職業安定所ほ、形式的な求人登録を行なうだけで、求人や求職は一切受けつけていない。

労働者の求職を受けつけようにも、あいりん公共職業安定所は、職業紹介をしていないから受けつけようもないのである。

ビンハネが原則である、違法な労働条件を見逃している職業紹介に自ら手を染めるということから逃避しているのである。冒頭に述べた異様な光景が生じるのも、あいりん公共職業安定所が午前八時に窓口に来た人だけを、失業者と認定していることから生じている（自ら職業紹介をしない安定所は、この認定方法を行なうことで矛盾を回避するが、そのしわよせは労働者が受けることになる）。

労働省（当時）は、西成労働福祉センターが行なう職業紹介ではなく、公共安定所が行なう紹介に移行すべきだと何度も失業対策年鑑等で勧告してきたが、結局これはアリバイ作りにすぎなかった。

しかし、一九六二年に西成労働福祉センターができてから、このような慣行が四五年に亘って

行なわれてきたのである。(2)

◎――ホームレス問題を必然とする社会的背景

多くの自殺者を出した多重債務者問題は、ようやく利息制限法を超える、所謂グレーゾーンの取り立てを違法とするような法改正及び裁判例を生み出しつつある。

しかし、時既に過しの感がある。

二〇〇〇年六月一日以前は、四〇・〇〇四％、それ以降現在まで二九・二％の年利（あるいはそれ以上）を取り立てられた消費者は、一家離散を余儀なくさせられた。

夜逃げした先に逃れて来る街が、まさに釜ヶ崎であった。

釜ヶ崎では、簡易宿泊所を住民基本台帳上の住所と認めない慣行があった。

しかし、たとえ簡易宿泊所に住民票を置いても、再び取り立てを招くという悪循環を繰り返すことになった。

白手帳や銀行預金通帳取得のため、住民票上の住所が必要であり、郵便を受け取ってくれる場所が必要になる。

その際、サラ金・ヤミ金からの取り立てに嫌な顔ひとつせずに応じてくれるボランティア団体が、住民基本台帳法上の住所となっていたのである。

「逃れの街」を必要とする社会的背景があったといえよう。

釜ヶ崎で四〇年余り日雇い労働者の支援活動をしてきた日本基督教団の金井愛明牧師は、釜ヶ崎を旧約聖書申命記の逃れの街だとおっしゃっている。労働組合や組織をいかに強化しても、その埒外にいる人々。年金制度や生活保護制度といった社会保障から、最初から排除されている人々。家族や友人からも疎まれ、その存在自体を隠さなければならない人々。そして最後には行き倒れになってどこの誰かも分からず死んでいく人々。人間にこんなことが許されていいのかという怒りと深い悲しみに金井牧師は、釜ヶ崎を生涯の場所と運んだのである。

その彼が、釜ヶ崎でいろいろな活動を行なった末、「釜ヶ崎で何ができるのかを問うことではなく、釜ヶ崎で何を学ぶことができるのか」を問うべきではないか、という境地に達したという。我々も、彼に倣って、社会的背景の問題もさることながら、今ここで何が起こっており、我々の社会がそこで何を学べるかをみてみる必要があるのではないか。

◉――西成区長による住民票の消除

大阪市西成区長は、二〇〇七年三月二九日に、ボランティア団体が住民登録の協力をしていた住民のうち、二〇八八人の住民票を消除するに至った。

消除された住民の多くは、釜ヶ崎の簡易宿泊所と飯場を転々とする生活形態にある人か、公園や路上に居住するホームレス状態にある人々である。

消除の直接の理由とされたことは、四月八日に予定されていた大阪市議会・府議会議員選挙において、実際に公職選挙法が定める三ヵ月の居住要件を満たさず、選挙資格もないのに投票を認めることは、選挙無効事由になりかねないということであった（もっとも住民票消除の違法性が争われた裁判では、大阪市は消除の理由として選挙無効があったということ自体を否定し、これが口実であったことを自ら認めた）。

しかし、これは全く理由になっていなかった。

大阪市西成区自身が、二〇〇七年四月二三日に住民票登録について調査した結果を報告した。そこには次のような事実が記載されている。

白手帳の取得時に、住民票が必要となった一九八六年度以降の住民登録窓口において、釜ヶ崎解放会館等のボランティア施設を住民登録の場所とする受付を行なった職員一一八名のうち、約八割に当たる九六人の職員が、実際に居住実態がないのを知っていたか、少なくともなくても構わないと思っていたことが判明した。

居住実態がないことを知っていたのに住民票を受けつけた理由は、職場の慣行であったことの他に、日雇い労働者の状況からして受理しなければ届出人が困るだろうと考えていたということが判明した。また地域事情でやむを得ないと答えた者も四一名に上っている。

この間、何度も地方レベルの選挙及び国政選挙が行なわれてきたが、選挙についてのトラブルや無効に関する主張などは皆無であった。

それに対し、この住民登録の禁止、抹消の顕著な結果は、白手帳の激減である。住民票消除の背後には、もはや釜ヶ崎を通じての日雇い労働の斡旋を行なわなくても、日雇い労働者の供給は、携帯電話一本で行なえるようになり、むしろそちらの方に失業給付を支給するという国策が見え隠れしている。

釜やんたちは、ボロ雑巾のように使い捨てにされたのである。

主権者としての国民

しかし、このようなことが許されてよいはずはない。

大阪市は住民基本台帳に基づく住所とは、各人の生活の本拠をいうものであり、釜ヶ崎解放会館等のボランティア施設は住所と認められないと、急にいい出した。

しかし、住民票の消除は、衆議院議員選挙法が住居不定の人々を選挙権の資格要件としていた旧憲法下から、戦後新憲法施行に際し、住居不定であることを選挙権の要件から外した趣旨に全く反するものである。

そして、一九七九年に日本国が批准した市民的及び政治的権利に関する国際規約第二五条は、全ての市民は差別のない、不合理の制限のない選挙権を行使する機会が与えられることを規定するが、一九九六年に自由権規約委員会が採択した一般的意見二五第一一項には、日本を含めた締約国に対し、「選挙人名簿への登録に居住要件が適用される場合、当該要件は合理的なものでなければならず、住居を有しない者から投票権を排除するような方法で制限を課してはならない」という解釈指針が示されている。

長年の慣行によって住民票上の住所として認められてきた釜ヶ崎解放会館等を住民基本台帳法上の住所でないとする合理的理由は存在しない。まして住民票の消除は、法制度として選挙人名簿からの抹消と連動しているのであるから、住民票が消除された人々に選挙権を行使する何らかの代替策を講じないまま消除を行なったことは、上記自由権規約に明らかに反するだけでなく、住所要件を選挙資格からはずした、日本国憲法一五条、四四条が規定する、普通選挙、平等選挙の原則にも違反することになる。

◉国籍と住民票の喪失

一九五二年四月二八日、日本国は戸籍に登録されていない日本国籍保有者の国籍を喪失させた。それは対日講和条約によって旧植民地の領土を喪失するという条約の解釈に基づく措置であった。

当時、朝鮮半島や中国大陸、台湾に居住している他の独立国の支配に服している人々だけでなく、敗戦後、日本に定住し、新憲法下で主権者となり、一九五〇年の国籍法の施行を受け、国籍離脱の機会を与えられた人々に対しても、その人々の意思に関係なく上記措置を行なったのである。

これは侵略の結果である、一九一〇年の韓国併合条約で取得された国籍は、対日講和条約で失うことになるという論理に基づくものであり、不用になったものは捨てるという究極の差別である。

戦前、国籍離脱を認めないという理由で、朝鮮半島には、国籍法が施行されなかった、とされている（なお、この点が虚偽であることにつき、本書第Ⅱ部4参照）。植民地の戸籍令に登録された人々は、外地臣民という身分差別を受けながら、最後には、兵役義務まで課されたのに、一切の戦後補償から排除され、国民年金等の社会連帯からも疎外され続ける結果となった。

今回、二〇八八人の大量の人々が住民票を失った結果、日雇い労働形態に適合した年金制度もなく、アパートもないということで居宅保護も拒否されてきた人々は、ライフラインである日雇失業保険と主権者としての地位である選挙権さえも喪失するに至った。区役所は、消除当初は、簡易宿泊所での住民登録を認めていたが、その後実態調査に基づいて、この場合も、どんどん消除を進めている。

住民基本台帳という制度は、もともと、住所を様々な法律の、様々な官庁の管理において統一するという目的と機能を持っていた。従って、住民票が失われれば、白手帳、選挙権だけでなく、多くの不利益が生じてしまう。

一九五二年の暴挙に等しい暴挙が行なわれたのである。

◉──ホームレス状態を余儀なくされた人々にとって法は何を意味するのか

ホームレス状態にあることは、文字通り命の危険にさらされることである。跡を絶たない他者からの襲撃だけでなく、路上で寝ること自体が過酷な環境であることは論を俟たない。路上での死亡だけでなく、入院しても長くて一週間か二週間で死亡する例が非常に多い。

そして何よりも、いつも他の市民や自治体から追い立てをされるという精神的な不安にさらされる。

そういった場合、これまでの裁判で争われてきたのは、むしろ、強制排除が認められる条件とは何か、ということであった。

高度の正当化理由があり、影響を受ける人々との真正な（最初から結論が決まっていないという意味）協議があれば、適切な代替住居の提供の有無によって、強制排除が正当化されるのではないか、ということである。

勿論、過去に実際に行なわれた公園、道路、河川敷における強制排除事案において、これらの条件が守られることは殆どなかったし、裁判所ほ、これらの条件の必要性を認めていないというのが現状である。従って、「強制排除の正当化の条件」を裁判で追及していくことは、これからも不可欠なことである。

しかし、問題の本質はそこにはないのではないか。

まず、とにかく路上に追い立てられた人々に対し、そのような事態を招いた責任を当人に帰するのではなく、社会が国家がそのような責めを負うべきであるという法解釈がなければ何も始まらない。全ての裁判はそのことを問うて、はじめて意味を持つのではないかと、弁護士として、私ほ現在考えている。

社会権規約一一条は、適切な住居への権利を規定するが、一般的意見四に示された解釈指針として、締約国は、非公式な占有（informal settlements）形態にある人々に、占有の法的保障（legal security of tenure）を行なう義務を負う。

公園や道路、河川敷にあるブルーテントは、ホームレス状態にある人々にとって、そこで初めてよく眠れ、昼間荷物を持ち歩く必要もなくなり、近所のホームレス状態にある人々とつながりを持てる命綱である。

そうだとしたら、その占有を保障する必要があるのではないか。

この問題は、人権規約の解釈問題であることもさることながら、実定法の基本構造の問題ではないのか、と思わざるを得ないのである[3]。

野宿を余儀なくされた人々の市民性[4]

二〇〇六年一月三〇日、大阪市西区にあるうつぼ公園において、多数のテント家屋が、大阪市の職員と市から業務委託を受けた警備会社職員によって、強制撤去された。

排除された仲間の一人である山田さんは、その後、北区扇町公園に移住したが、二〇〇七年二月一五日に同公園内のテント家屋で亡くなられた。自分のテントを奪われた山田さんは、うつぼ公園の数年の生活からの変化になじめず、仲間とも散り散りになったため、扇町公園に移住してからは、お酒の量が増え、それが原因で死期を早めてしまった。

強制撤去の前の一月二五日、山田さんは大阪市役所前で抗議行動に参加していたが、大阪地方裁判所が除却命令の執行停止申立を却下する決定を下したことを聞いた。

そのときの思いを彼は私にこう告げた。

「弁護士さん。悲しかったですよ。僕らは何処に行けばいいんですか」

山田さんは、子どものように涙を流しながら、この言葉を何度も繰り返した。

彼が最後にいった言葉は、

「弁護士さん、今度は勝ってください」

であった。

強制撤去後も裁判は、損害賠償請求訴訟として大阪地方裁判所第二民事部で継続中である。

しかし、山田さんは、原告として意見陳述を行なう前に、急逝した。彼がいい残したかったことは永遠に失われたが、彼から「家」を奪うべきでなかったことは、彼が日本社会の何処かに居場所を持つべき市民である以上、真実である。(5)

（1）白手帳と呼ばれる日雇労働被保険者手帳は、釜ヶ崎で働く日雇労働者にとって、命綱的な存在である。天候、不景気、季節、老齢などで失業した日には、その日のうちに最高七五〇〇円の現金が支給されるからである。しかし、この手帳を取得するためには、まず住民票の提出が義務付けられているし、二ヵ月で二六枚以上の印紙を手帳に貼る必要がある。二六日以上働かない者は、受給資格さえないし、働いても印紙を貼らない業者が跡を絶たず、その取締りも極めて不十分である。

（2）あいりん公共職業安定所の問題点は、夙に釜ヶ崎地域合同労働組合の委員長稲垣浩と釜ヶ崎キリスト教協友会の顧問弁護士である後藤貞人によって指摘されていた。稲垣浩「労働基準法・職業安定決と釜ヶ崎」、後藤貞人「釜ヶ崎と法律」、いずれも季刊釜ヶ崎八号（一九八二年）所収。

（3）居住権は、もともと、貸家所有権に対抗する一つの私権として構成された借家人の法的地位のことであった。鈴木禄弥『居住権論〔新版〕』（有斐閣、一九八一年）。

しかし、近年、そもそも、「個人主義的所有権によって『排除』されてしまったホームレスの人々をいかに公共空間（コモンズ）に受け入れていくかという所有論の転換・再構築が迫られているのである」という指摘が民法学の吉田邦彦によって行なわれている。吉田邦彦「居住法学問題の俯瞰図（二）」民事研修第五五〇号（二〇〇三年）三頁、一六頁。

（4）政治学者の岡野八代は、日本の市民性の再構築に向けての提言の中で、次のような注目すべき指摘を行なう。岡野八代『シティズンシップの政治学――国民・国家主義批判』（白澤社、二〇〇三年）。

「伝統的な法解釈は、過去の判例に従って個別のケースを過去に争われたケースと類比することであると理解されている。それに対しコーネルは、法解釈のさいに求められる司法の責任とは、つねに個別のケースをあたかもそれを判断する一般的なルールが存在しないかのように扱う責任であると主張する。裁判官は、彼女／かれが参照する既存の法律が何を意味しているかを、判例に従って繰り返すのではなく、その法が体現している価値を『そうあるべきだ』と自らの責任において承認するのか、しないのかという判断に迫られている。すなわち本当に『そうあるべき』ものであるかについて、個別のケースがわたしたちの前にもたらされるたびに判断するよう、わたしたちに迫ってくるなにものか、なのである」（二二〇頁）。

(5)　山田さんたちの「占有」が法的に保障されることが困難だとしても、逆に、客観的に生活の本拠となっている「テント家屋」を排除することも、本当は困難なはずである。

即ち、日本国憲法下での行政権の顕著な性格は、法の実現について自力執行力が制限されていることである。租税の強制徴収などの国会が制定した法律の明文の授権のある場合以外、法の自力執行は禁止される。現在、行政権が裁判所の判断を仰がずに一般的に自力執行ができるのは、行政代執行法に基づく「代替的作為義務」に限定されている。しかし、「テント家屋」に居住し、土地を占有している人々に対し、その占有を奪うことなしに、「テント家屋」だけを撤去することはできない。土地を引き渡すのは本人にしかできない債務であるから、代執行の対象にならないはずである。行政は「テント家屋」が生活の本拠であるという実態を認める限り、裁判所の力を借りずして強制撤去を行なえないのである。しかし、この一〇年、大阪市が公園、道路で行なった強制排除は、いずれも行政代執行法に基づくものであった。法の綻びを正面から認めるべきときが来ているのではないか。

なおこの点については、遠藤比呂通『市民と憲法訴訟』(信山社、二〇〇七年)第二章及び巻末資料(二〇〇六年一月二五日大阪地裁第二民事部決定)及び太田匡彦「明渡しか、除却か――『占有』と『事実上の排他的支配』の間に立つ大阪地裁第二民事部」東京大学法科大学院ローレビュー第四号八五頁(二〇〇九)を参照していただきたい。

コラム3

「逃れの街」釜ヶ崎の背景

英文学者の三谷康之氏の著書に、『英文学の背景』（凱風社、一九九一年）という興味深い著作がある。その中で、煙突掃除屋（chimney sweeper）の説明として、この職業には貧しい家庭の子どもの受難の歴史がつきまとっているという説明がある。三谷氏が事例として選んだのが、チャールズ・ディケンズの「オリバー・ツイスト」に登場する親方の次のような台詞である。

「急いで煙突ん中から下ろすにゃあ、こってり熱い火が一番なんでやんす。むろん旦那方、それも人様の道には叶っていやすんで。よしんば、煙突ん中で引っかかっていやしても、足を炙ってやりゃあ、しゃにむに出てめいりやす」

しかし、実際はたくさんの子どもが煙突の中で死亡し、一八七五年に子どもの煙突掃除は禁止されるに至ったという。

ロマン・ポランスキー監督による映画『オリバー・ツイスト』にも、このシーンが出てくる。オリバー少年が治安判事の前で「どうかこの仕事をさせないでくれ」

と泣くシーンも、この背景が分かっているとより迫真に迫ってくる。

かように、ある事実を知っていれば、文学作品のいきいきとした理解が可能になるということは、現実の釜ヶ崎の状況を知るためにいくつかの背景を承知しておかなければならないことに繋がると思われる。私の文章を読んで、釜ヶ崎の労働者に対して間違ったイメージを持たせてしまわないかということが心配になった。朝五時頃センターに行き、その日の仕事を獲得するために張り切っている労働者の姿。現場でどんなしんどい危険な仕事も不平もいわず、もくもくとこなしていく姿。その姿をまず背景として描いておく必要があったのではないかと反省している。

『オリバー・ツイスト』の影響で、その舞台となった救貧院等が大幅に改革されたが、政治を行なう者たちが、釜ヶ崎の本当の姿を知ることによって、少しでもよりよくしていただくことを願って止まない。

●●●●●●●●●●●●●●●●●●

3 抵抗権のプラクシス——ゆるやかなカースト社会に抗して

◉——結婚差別の問題

日本社会をさして、「ゆるやかなカースト社会」といわれることがある。[1]日本社会はカースト社会であるが、インドのカースト社会に比較してゆるやかである、つまり、カースト間の移動がゆるやかなだけであって、日本もやはりカースト社会だということである。「カースト社会」ということは、インド憲法起草委員会委員長であった、アンベドカルの定義にもあるが、生まれによってその属する社会集団が決まる、そのような社会に分断されているということであり、また、それらの社会間の通婚が禁止されている社会である。[2]

しかし、結婚差別の問題は、自己の選択の根幹の部分だから、シビル・リバティ（市民権）やヒューマンライツ（人権）の問題ではない、といったアフロアメリカン（黒人）の友人がいた。彼はカリフォルニア大学の大学院生で、日本の部落解放運動を研究していたのだが、そのような考え方はどこから来るのか。

◉――アメリカ合衆国の法理論

アンベドカルは二〇世紀初頭にコロンビア大学に留学し、人類学を専攻する。一九一〇年にそのセミナーで初めてカーストについて報告する。アンベドカルが留学した時代のアメリカの憲法はどうであったか。アメリカ合衆国憲法において、平等条項が制定されたのは、奴隷廃止宣言を一つの契機とする南北戦争後の憲法修正においてであった。

一八六五年から七五年にかけて連邦議会は、第一四修正の平等保護条項（法の下の平等）と、その実施条項に基づいて、一連の市民権法（Civil Rights Acts）を制定した。中でも重要なのは一八七五年市民権法である。

同法は、公衆の利用に供する施設（交通機関、レストラン、ホテル、劇場など）における人種を理由とする差別扱いを禁止し、違反に対しては刑事罰の制裁を科すとともに、被害者に対して民事賠償請求権を与えた。

ところが、連邦最高裁は一八八三年、テネシー、カリフォルニア、カンザス、ミズーリ、ニューヨークの五州で、食堂車、ホテル、劇場などの利用拒否事件において、同法の合憲性について、次のような判断を下した。

「第一四修正に違反する州の行為がない場合に、私人の行為を直接に規制する連邦法を制定することはできない。……一八七五年の市民の権利法は連邦議会の権限を越えるものであり無効である」

市民権法は憲法に違反するという驚くべき判断を、八対一の多数で下したのである。人権は私人の間では無力である、まして結婚差別は人権の問題ではないというアメリカ的な考え方が多数を得たのである。

この判決の根幹には、「誰にも他人に社会的交際を強要する権利はない。また、意に沿わない交際を拒否したところで、他人の権利を侵すことにはならない」という、公的領域と私的領域を厳密に区分する考え方があるといわれている[3]。

一世紀後の一九六四年には公民権運動の成果として、州際通商条項の実施により、私人による差別行為を禁止する市民権法を連邦議会は制定し、合憲の判断を得た。また、連邦最高裁も、私人の行為であっても州の行為と密接にかかわる場合は、平等保護条項の制限を加えるという法理を発展させてきた（state action の法理）。

しかし、私的クラブの人種差別は容認されてきたし、私的関係の理念型である結婚の差別も、市民権の問題として意識されることはなかったのである。私人の行為は州の行為と関係なければ、いくら差別的であっても憲法で禁止することはできないし、連邦議会も手を出せない。現在に至るまで、これがアメリカの支配的な法律理論、イデオロギーになっている。

◉積極的差別是正措置の問題

然るに従来、日本憲法学が、平等問題、特に積極的差別是正策の問題についてモデルとしてきたのは、アメリカ合衆国における人種差別問題であった。

小学校における人種別学制度を連邦憲法違反とした一九五三年のブラウン判決を嚆矢とする人種差別撤廃については、全米共通の人権パラダイムになったこともあって、盛んな分析が行なわれてきた。

しかし、高等教育機関（特に医学大学院、法科大学院）入学、公共事業、雇用における積極的差別是正措置（Affirmative Action）については、「逆差別」ではないかという評価も根強く、以下のような両義的な紹介が比較憲法学においては、むしろ代表的である。

「アメリカ合衆国でのAffirmative Actionは、さまざまな次元のルールを根拠にして多様に展開され、その功罪をめぐる議論が、行きつ戻りつを反復しながら繰り返されてきた。Affirmative Actionの出発点には〈melting pot〉としてのアメリカにふさわしい統合の実現という理念が強く意識されていたはずであった。次第に有力になってきた懐疑的見方は、Affirmative Actionの多元主義的促進の側面がその反面として『アメリカの分裂』へと導いてゆくのではないか、ということを危惧するのである」

『疑わしい分類』という判断基準は、これまで人種ゆえの不平等取扱いを違憲とするために効果をあげてきた。Rece blind な取扱いを要求する形式的平等の原則が、ここで、Affirmative Action による実質的平等の確保と衝突したわけである」（樋口陽一『国法学——人権原論』有斐閣、二〇〇四年）

確かに、人種差別撤廃の中で唱えられたカラー・ブラインドという概念は、膚の色に関係なく、「一つのアメリカ」の一員としての教育を受け、選挙権を中心とする公民権を行使する市民を育成するということが強調された限りで、有効な処方箋として機能した。

そうだとすれば、医学大学院、法科大学院へのアフロテメリカンを含むマイノリティの優先入学が問題となるとき、この枠組みで考える限り、優遇措置が厳密に過去の差別の救済の範囲にとどまることが立証されなければならなくなる。

有名なケースとして、バッキ事件がある。これは、カリフォルニア大学デイビス校の医学部の大学院に不合格となったコーカシアン（白人）男性原告が、同校理事会を相手どって提起した訴訟で、連邦最高裁が次のような判断を下し、特別入学者選抜制度を違憲としたものである。

即ち、

「学生集団の中に一定割合の特定グループを確保するという目的は、人種のみを理由にした場合はそれ自体違憲である。社会的差別（societal discrimination）を解消することに州は実質的な利益を有するが、司法的、立法的、行政的な差別の認定なしに特定グループを援助する人種的分類が認められたことはない。人種的多様性は大学が考慮しうる一つのファクターにすぎない(4)」

マイノリティが医学部に入れないのは差別を受けた結果であるということを、マイノリティ自らが立証しなければ救済されないということは、マイノリティの側に絶望的な証明をさせるということになる。根幹においては、私人間の差別は人権侵害ではないという考え方は、いまだに維持されていて、Affirmative Action が進まない一つの理由になっている。

ましてや、結婚差別や就職差別の問題を人権にかかわる問題であり、憲法の問題として論じることは、アメリカをモデルにする限り、困難である。

ひるがえって日本の憲法を考えてみたい。

憲法は国家と私人の関係を規律するものであり、私人同士のことは基本的に私人同士に任される。従って、例えば企業が学生運動にかかわっていた左翼的な思想の人を雇用しないのも、最高裁判決で認められることになる。

部落差別については、最近、憲法学の教科書でも少しは触れるようになった。しかし、部落差別を人権侵害の問題としてではなく、私人間の差別の問題という視点だけでとらえ、十分な理論的分析を行なわないまま、Affirmative Action として認められると指摘するだけである。

日本においても、部落差別に対する特別措置を評価する前提である、私人間における差別を、憲法学の視野に入れることができないでいるのが現状である。

しかしながら、日本国憲法のどこにも、人権は国家と私人の間のことだなどとは、書いていない。

反対に、第一四条には、「すべて国民は法の下に平等であって、人種、信条、性別、社会的身分又は門地により、政治的、経済的又は社会的関係において差別されない」（傍点筆者）と、はっきり書いている。従って、日本においては、アメリカ合衆国のような、人権の問題は私人間には適用されないといったイデオロギーを採用する必要は全くないのではないか。

◉——イングランド法から学ぶ

二〇世紀の初頭、アメリカに留学したアンベドカルも、このようなアメリカ合衆国の法理論の問題点に早くから気づいていたと思われる。インドのダリット出身のアンベドカルは、アメリカの大学を卒業した後、イングランドに行き、ロンドンで弁護士の修行をする。

アメリカの憲法の限界をみたうえでイングランドに行ったということが、アンベドカルに非常に大きな影響を与えたのではないか、というのが私の仮説だ。

イングランドには、イングランド全体に共通する法律（議会制定法）と、もう一つ、裁判官が、具体的に一人の人間を救済するために何ができるかということを、裁判官自身が編み出していく伝統がある。昔からイングランドの人々が持っていた権利を裁判所が守るということがある。

そのような法律観念をアンベドカルがイングランドで学んだことが、インド憲法の制定に非常に大きな影響を及ぼしたと思われる。

即ち、コモンロー（裁判官形成法）の伝統の中で、法原則は、抽象的に定義されるものではなく、ある事件で具体的に当事者にどのような救済が与えられるかが重要であるとされている。

イギリス法に哲学的表現を与えたH・L・A・ハートの定式化を借りるなら、法は、義務を定める第一次ルール（「教会では帽子を脱ぐべし」）と、第一次ルールを制定、変更、廃止する第二次ルール（「議会における王の宣言が法である」）から成る。

H・L・A・ハートの『コンセプト・オブ・ロー』は、法を考えるうえで重要であり、アンベドカルのインド憲法はまさにその発想に基づいている。

イングランドの法を考えるとき、法は命令であり、法をつくることが正当と認められている主権者の命令が法であるという説明がなされてきた。しかしハートは、命令で法を説明するのではなく、例えば「教会では帽子を脱ぐ」という義務を、第一次ルールとする。法というのは、人間が社会で生きる決まりだが、その法そのものを、変更、修正する法を第二次ルールとする。法を二段階に分け、この組み合わせを法とする。一次ルールと二次ルールの組み合わせによって法の安定性が保たれる。

その社会における法の内容は、市民の中だけではなく、特に、法を制定し、法の執行に携わる公務員がどのように行動するか（法に言及するかという言語ゲーム）に依存することになる、というのである。

このような観点からすれば、社会的関係における差別を防止するためには、それまでの憲法のように、「法の下の平等」を抽象的に宣言するだけでは足りず、法を制定し、執行し、変更する公務員の行動の中に、差別禁止規範が、染み込んでいなければならない。差別禁止規範は、法の第一次ルールと第二次ルールの双方において、実際に言及され続けなければならないことになる。

アンベドカルが一九五〇年の、インド連邦憲法制定に際し、国会議員、州議員、公務員のレベルに指定カーストへの留保政策を採用し、その担い手を支える教育を重視した一つの理由はここにある。

アンベドカルの憲法

「指定カーストは、社会的にアンタッチャブルとされており、アンベドカルを他の何よりも悩ませたのがこの社会的汚名（stigma）であった」

「公権力のみならず私人によって行われる差別も犯罪として扱われるべきだとし、そうしなければ、基本的人権は何の意味もなくなってしまうとアンベドカルは考えた」

（山崎元一『インド社会と新仏教――アンベドカルの人と思想』刀水書房、一九七九年）

一九四九年、アンベドカルによって起草されたのがインド憲法である。インド憲法十七条は、「不可触民制は廃止される。いかなる形式におけるその慣行も禁止される。不可触民制より生ずる無資格を強制することは、法律により処罰される犯罪となる」としている。

特に「不可触民制より生ずる無資格を強制することは、法律により処罰される犯罪となる」としていることは重要である。

アンベドカルが最も心を用いたのは社会におけるスティグマ、偏見の問題であり、それを憲法の明文で禁止した。

しかし、差別の禁止を実効性あらしめるために必要なのは、差別を具体的に禁止する法律を議会がつくることであり、そのためにはまず立法者のなかに差別の内容を具体的に知っている人、マイノリティがいなければならない。マイノリティを人口比例で立法者に入れるなど、様々なマイノリティ保護規定を設けた。

インド憲法十五条二項は、「市民は、宗教、人種、カースト、性別、出生地又はそれらのいずれかのみを理由として、（a）店舗、公衆食堂、旅館及び公衆娯楽場への立入、（b）全部又は一部が国家基金により維持され、又は一般の用に供されている井戸、用水池、浴場、通路又は遊楽地の使用に関し、無資格とされ、負担を課され、制限を付され又は条件を課されることはない」としている。

ここで、まさに私人間の差別、社会における差別を禁止し、差別した側を罰するという規定を憲法に書き込んだのである。

また第四十六条には、「国は、国民の弱者層、とりわけ指定カースト及び指定部族の教育上及び経済上の利益の促進を特別の配慮をもって促進し、また、これらの者を社会的不正義及び一切の搾取から保護しなければならない」としている。

これらに基づいて一九五五年には不可触民差別禁止法が制定される。しかし、この一九五五年法は、当事者による和解が可能であったこと、処罰の下限が欠如していたことなど、実効性を欠いていたので、市民権保護法が一九七六年に施行された。さらに一九九〇年には、指定カースト及び指定部族残虐行為阻止法が施行され、残虐行為とみなされる犯罪を指定して、その犯行に対する抑止的処罰の条項を設けている。

現在、これらの法の実効性についてのケース・スタディによれば、やはり圧倒的に無罪が多いし、泣き寝入りがほとんどだといわれている。訴訟を提起できるのはカースト・ヒンドゥーの援助がある場合が多く、結果として、カースト・ヒンドゥーの権力闘争の手段として、これらの法が使われてしまっている[5]。

その最大の理由の一つが、憲法制定前に、ガンジーが断食までして、アンベドカルの猛反対を押し切って、国会議員の選挙において、ダリットとカースト・ヒンドゥーの「分離選挙」ではなく、「合同選挙」を採用させたため、結局、ダリットではなくカースト・ヒンドゥーの利害を代弁する議員しか当選しないことであると、アンベドカルの弟子、弁護士バグワン・ダスは指摘する[6]。

抵抗権としての糾弾の権利

二〇世紀の後半以降、人権が国内裁判所によって法として適用されるという違憲審査制が顕著な傾向となった。抵抗権であった人権が、国家による自己制限になっていくという傾向が看取される。

然るに、国際人権規約、女性差別撤廃条約、子どもの権利条約、人種差別撤廃条約などの日本が批准した人権条約によって、国家が対外的に人権擁護の義務を負うという事態が生じつつある。防衛条約などの従来の国家間条約が、双方の利益のために締結されているのに対して、人権条約は国家から相対的に独立した国際機関によってその内容が発展していくという特性を有する。

とりわけ自由権規約と社会権規約においては、それぞれ十二人から成る専門的な規約人権委員会が、各国から出されたレポートを審査し、個別の勧告を行なうだけでなく、それらの集積の中から一般的意見として条約の具体的な解釈準則を制定しているという運用が注目される。

そのような国際人権の潮流の中で、現在注目されるのは、私人間の差別行為自体を犯罪とすることが勧告されていることと、国家から独立した第三者機関がその執行に当たるべきだとされていることである。

五十年以上前にアンベドカルが考えたことが、今、国際人権の舞台で実現しようとしているのである。

日本国憲法十四条においても、社会的関係による差別の禁止が明言されていることに着目する必要があるし、私人間の差別についても、日本が批准し、履行の義務を負っている国際条約の解釈として禁止することができる。

しかし、アンベドカルの憲法から五〇年以上に及ぶインド憲法の「差別禁止」の闘いから、我々が学ぶべきなのは、法制定及び法執行の過程をどのように工夫しようとも、「虐げられた人々」自身による、「差別禁止」の方法のみが、唯一の闘う方式であるのではないか、ということである。

そのような見地からすると、「人間を尊敬することによって自らを解放せんとする者の集団運動」の出発点となった一九二二年の水平社宣言を日本における抵抗権を規定した「人権宣言」と捉えなおしたうえで、「虐げられた人々」の「糾弾権」を抵抗権として、位置づけ直すことであると、思われる。

筆者は、大阪市内にある八つの「同和地区」の一つである住吉地区おいて、二〇〇〇年一月より、一〇年余り毎月法律相談を行なってきた。そこで生じる様々な問題から学ぶ機会を与えられたが、何よりも印象づけられたのは、住吉地区の人々が「融和」の対象たる「同情さるべき人々」（賀川豊彦の認識）から、人間の尊厳に基づいた抵抗権の主体へと変容する契機となった、「自民党市議に対する糾弾闘争」の画期的意義であった。

生活保護家庭の割合が、全国平均で三三軒に一軒であった時代に、全国同和地区平均では一四軒に一軒であり、住吉地区では七軒に一軒という高い率を示していた。特徴的なのは、部落問題の本質として、就職の機会均等、職業選択の自由が保障されていない結果として、臨時工、社外工で働く者が殆んどであり、重労働でかつ不安定な職につくものが多く、若年層が労働のはげしさ、不安定さの結果病床に伏し、被保護者が多いということである。これらの、被保護者は、住吉地区の中でも、一段といやしめられ、差別されてきたのである。そして、そのような状態に置かれた人々の要求がどこから出てくるのか理解することなしに、問題の解決はない。特に、いつも身近に生活保護者と接触すべ民生委員には、このことが強く期待されていた。

然るに、住吉地区を含めた地域の民生委員推薦地区準備委員会において、「今日、六四世帯も生活保護受けんでも、働くとこなんぼでもあるのに働きゃええのにな」という発言など、住吉地区の生活保護者が欲得で保護を受けているかのようにいう発言が、多く行なわれていることが明らかとなった。そこで、住吉地区の住民は、生活保護者組合を組織し、上記準備委員会の委員長である自民党市会議員に対し、部落問題は国の責任で解決されなければならないという「同和対策審議会答申」に掲げられた方針を遵守するように要請したが、自民党市議が何の対応もしないどころか、逃げようとしたので、自民党市議宅前において二週間にわたる抗議活動を行なった。その結果、自民党市議は、住吉地区の代表と会見し、謝罪文の提出をし、公開質問状、への回答を行なったが、何の具体的進展もなかったので、住吉地区の住民は、直接糾弾交渉に入った。場所は、大阪市役所で行なわれ、大阪市同和対策部、市議会事務局、住吉区長が立会い、住民の怒りを直接聞くこととなった。そのうえで、自民党市議は、住吉隣保館での町民集会に住吉区長とともに出席し、「民生委員推薦委員会地区準備会の委員長及び民生委員を辞任したうえで、差別発言をした委員や他の委員に対して辞任するよう強く勧奨する旨の」謝罪を行なった。

その糾弾権行使の中で、最も重要視されたのは、住吉地区の中でも最も虐げられてきた「生活保護者」自らが差別に対する怒りの中で、かつて人にうちあけることのなかったその苦しみを訴え、二度とその苦しみを味わうことのないように、と闘いを決意したことだ、とされている。[7]

普通ならば刑事法、民事法の違法となりかねない行為の違法性を阻却する事由として、「虐げられた人々自身」による抵抗権の思想が考察されていかなければならないが、その出発点として、住吉地区の事例から学ぶべきは、まさにこの点ではなかろうか。

（1）本章の副題である「ゆるやかなカースト社会」という言葉は、次の二人の歴史学者の著作さから頂いたものである。遠藤一「『同朋教団』をなのることの意味――ゆるやかな『カースト社会・教団』に抗して」「親鸞」研究会編『方法としての親鸞／仏教』（永田文昌堂、二〇〇七年）一二九頁。大山喬平『ゆるやかなカースト社会・中世日本』（校倉書房、二〇〇三年）。歴史学者遠藤一によれば、「ゆるやかなカースト社会」とは、「同一の社会集団内における婚姻と職業の世襲の維持を共同体の再生産とした前近代日本の解体後に出現した近代日本は、婚姻と職業の世代間移動・選択が自由であるはずの資本制社会でありながら、部落問題を社会の根幹に組み込んで成立した『ゆるやかなカースト社会』であると表現してよい。『ゆるやかな』と冠するのは、インドのカースト制に比較してのことであって、近代日本社会に厳しい部落差別が存在したことには何らの変化はない」。前掲論文一三〇頁。

（2）Bhagwan Das = James Massey ed. "Dalit Solidality", 1995. pp. 34-38.　カースト社会における被差別民「ダリット」ついて、アンベドカルの弟子であるバグワン・ダス弁護士は、次のように記述する。

「人種間の優越的関係を維持するために、血の純粋性が必要であった。その結果、共に食事をすることと、婚姻関係を結ぶことがきんじられた。この掟、慣習を破ったものは、社会外に追放され、祭司は宗教サービスを行うことを拒否するようになる。そうなると、アウトカアーストとされ、不可触民として扱われ『清い』人々が住む村落の外に住むように強制される。不可触民達は、イギリスによる統治を迎えるまで、ヒンドゥーから分離された一塊の集団として扱われてきた。カースト外のカースト。卑しいカーストというわけである。無能力、無資格を認めさせる様々な名前を、支配階級や祭司達から与えられてきた。時には、その職業或いは仕事を現す名前であった。イギリスによる統治官達は、行政運営上の便宜のため、不可触民を一つの呼称に纏めて呼ぶことにした。その呼称の一つが、抑圧された諸階級（The Depressed Classes）である。……不可触民は、自分達の男性神や女性神を礼拝し、単に肉食だけでなく、牛肉と豚肉を食する。そして、死者も水に流さず、土葬にする。それらを、カースト・ヒンドゥーと共有しない。支配階級即ちそれらの人々の支配者であり主人である人々は、それらの人々を様々な名前で呼んできた。時には嘲笑するため、時には保護者のような顔で、あるときはからかうために。それらの呼称は『ハルクホル』『マジヒ』『ジャマダルス』『ハリジャン』などである。いずれにせよ、不可触民は人間と見なされず、人間以下の動物と同じものと扱われた。尤も動物は、不可触民程ひどく扱われることはなかった。というのも、動物が触れても、再生したヒンドゥーを汚すことはないからである。不可触民自身は、『不可触民』『スケジュール・カースト』（憲法上の呼び方）に代えて、『ダリット』という呼称或いは名前を使用してきた。この言葉は、一〇〇年以上使用されてきた。そして、過去四〇年の間に、『ダリット・パンサー』とマハーラシュートラ州のダリット作家達によって人口に膾炙した。『ダリット』という言葉は、不可触制によって抑圧され、搾取された人々を全て包含する意味として、インドで通常使われている。法的には、一九四九年のインド憲法一七条により不可触制が廃止され、『不可触民』はもはや存在しない。しかし、現実には、不可触制は強固に存在し、インド亜大陸の様々な宗教を信じる、多くの人が未だに不可触民として扱われ、不可触制から生じる多数の無資格、無能力を強いられている」。

（3）　連邦最高裁一八八三年判決については、『英米判例百選〔第三版〕』（有斐閣、一九九六年）三八頁〔藤倉皓一郎解説〕参照。

（4）　前掲・註（3）『英米判例百選〔第三版〕』六六頁〔高橋一修解説〕参照。

（5）　K.D.Purane, 'Untouchability and the Law', 2000.

（6）　孝忠延夫「B.R.アンベードカルとインド憲法（一）少数者保護規定を中心として」関西大学法学論集三四巻六号（一九八四年）七七頁、堀本武功「保留議席（指定カースト）の成立経緯とその後の展開」大内穂 編『インド憲法の制定と運用』（一九七七年）七三頁。

（7）　部落解放同盟大阪府連住吉支部「自民市議差別糾弾闘争報告――部落差別と闘う民生委員選出をめぐって」。大阪市住吉地区の同和対策事業特別措置は、一九五三年に住吉地区協議会が設立され、共同浴場寿湯（一九五四年）、授産場（一九五五年）、なにわ奨学制度（一九五八年）、二棟の解放住宅（一九五九年）、住吉隣保館の建設（一九六〇年）が、一九六九年の同和対策事業特別措置法の施行以前に行なわれていた。大阪市同和事業住吉地区協議会『住吉地区協三〇年の歩み』（一九八三年）。

これらの、地域住民主導の「積極的差別是正措置」は、本文で述べた、市会議員及び民生委員に対する糾弾闘争を経験することで、地域住民自身の手による「部落解放」への道を示してみせた点で極めて重要である。

そのような住吉地区の実状についての、「学会で報告するため」でなく、被差別者が自らを主体的に把握し、変革をするための学問的営為として、矢野亮「『まちづくり』のなかで障害と老いを生きる」山田富秋 編『老いと障害の質的社会学――フィールドワークから』（世界思想社、二〇〇四年）。

4 国民国家のプラクシス――安心して共存する権利の条件

市民権と国籍

市民権という言葉は、通常、国民国家において国籍を有する者が、国家に対して有する権利の総体を表す言葉である[1]。

憲法上の権利である人権も、この市民権に含まれるというのが、憲法上の権利としての人権の限界であり、このことは、憲法上の権利である人権が、国家に対する市民の地位によって、消極的地位、積極的地位、能動的地位の三つに分類されていることに、端的に現れている[2]。

勿論、人が人であるだけで派生する権利という意味の人権、特に国家への抵抗権概念を中核とする道徳上の権利としての人権は、こういった意味での市民権とは同義ではない[3]。

市民権と道徳上の権利としての人権の違いは、端的に、国籍を持たないが、国民国家の統治権に服している人々（受動的地位だけを持つとされる人々）の権利の問題に現れる。人間の尊厳から派生する人権は、当然後者に及ぶが、市民権という意味での人権は、原則として後者に及ばない。

憲法学者の石川健治は、最近、上記の国家との関係における市民の地位についての、イエリネック学説を厳密に検討することによって、外国人の人権という問題のイデオロギー性を指摘し、市民権という意味での人権が、国民たる地位、即ち身分に基づくものであることを浮き彫りにした(4)。石川は、イエリネックを参照しながら、人間が、「人間であること」だけを理由に、「自由人たる身分」を享受するが、国家に帰属する「国民の身分」を持つ者だけが、国家に「自由人たる身分」を承認させる裁判その他のサービスを請求できるとする。

さらに、「国民たる身分」を持つ者の中にも、政治社会への参加資格を持った「能動的国民の身分」という階層秩序が成立しなければならないと主張する。そして、理論的には、あくまでも自由人としての身分が軸ではあるが、歴史的には、国民の身分が最もポテンシャルの高い身分であることになり、実質的には、「国家」への帰属によって、権利行使の内実が左右されることになる。

その帰結は、「国民の身分」「能動的国民の身分」に外国人を含めることは、（人権を実現するうえでこれまで随分世話になってきた）国民国家の論理によりかかる限り、憲法上困難である、ということである。

一方、国籍を持たない市民をどのように呼ぶかについて、コンセンサスがあるわけではないが、日本社会に実際に定住している人々の権利という意味で、市民権を説く立場からは、国籍保持者の総体としての市民ではなく、日本社会に実際に定住している人々の権利という意味で、市民権を説く立場も主張されている[5]。

筆者も従来から、国籍から派生する権利を、市民権と呼ぶこと、国籍保持者の総体を市民と呼ぶことの双方に対し、異議申立を行なってきた。

それは、何よりも、人権という概念が、国家への抵抗権、それを基礎づける人間の尊厳への深いコミットメントから生じているという認識に基づく。石川の言葉に対比していうなら、人権の本質は、「国家に承認を求める権利」ではなく、社会の信託を裏切った為政者に「抵抗する権利」である、と考えてきたからである。

勿論、上記の主張を行なう石川が、国家による一括承認によって、人権問題が解決できると考えているわけではなかろう。

そもそも、石川の「国民の身分」に基づく人権論の骨格である請求権（裁判を受ける権利）が、原則として外国人に及ばないという主張は、日本国憲法の解釈論として現実の法実践を正しく解釈しているのだろうか。

石川は、客観法としての憲法上の権利の解釈として上記主張を行なっているが、客観法の憲法のもう一つの柱である「近代法治国家の原理」（「法律による行政の原理」を中軸とし、このコロラリーとしての「近代行政救済法の原則」含む)[6]に鑑みて、この主張は維持できないのではないかと思われる。

例えば、外国人の中でも最も国民国家によって疎外されている人々、即ち入管法制によって「不法滞在者」と認定される人々に対しても、強制送還手続において十分な手続的保証、特に裁判を受ける権利が保障されなければならないが、石川説では、法の適正な手続の要請は憲法上の要請ではないことになってしまう。

国民国家である日本国が「不法滞在者」による在留特別許可の申請について、申請権がないと主張しているのは事実としても、異議を棄却する法務大臣の裁決に対する取消を求める裁判が提起された場合には、終了するまで原則として退去強制令書の執行が停止されているという現状を、石川説ではどう説明するのだろうか[7]。

一方で、石川は、国家による一括承認だけでは解決できない問題として、社会問題としての差別に苦しむ人々の人権問題を直視しようとしている。

石川は、人権侵害の最も核心にある「差別」による「痛み」の質を問題とする。この「痛み」とは、人のstatusの差異それ自体ではなく、社会関係の中で、自らの生きる「意味」が承認されず、偏見の烙印を押され、さらには「意味」そのものを剥奪される痛みと、密接に関係しているという。即ち、石川はこういった社会的「差別」の問題にまで、平等論の領域を拡大すべきであることを示唆する。

石川のかような提言自体が、既に、「人格への権利」「平等権」を否定した、イエリネックの身分論からの一定の逸脱である。

そこから、外国人への憲法上の権利の付与という問題へは、なお大きな隔たりもあるというのも事実である。しかし、「差別」が生じているのが、国家による「不承認」という事態によっているのであるとしたら、「国民の身分」に基づく人権論は、変容を蒙らざるを得ないだろう。

本章は、国家による「不承認」の問題を焦点とするために、在日コリアンと呼ばれる特別永住者と、日本国籍を持つ日本国民の区別を憲法学的に考察をすることを目的とするものである。

筆者は、既に、在日コリアン高齢者の国民年金受給資格に関する論稿において、上記区別の唯一の正当化が可能だとすれば、日本の植民地侵略のシンボルであった、韓国併合条約が国際法上有効であるというフィクションに基づくしかないということを論じた(8)。

もしそうだとすれば、日本社会には、未だ外地臣民と内地臣民の区別が厳存していることになり、国民国家が、自由人たる身分を析出したという、石川の主張する「イエリネックの前提」が崩れることになろう。

逆に、韓国併合条約が無効だとしたら、日本国に定住する在日コリアンと呼ばれる人々と国民国家日本との関係は、未解決の問題として残されているといわざるを得ないことになる。

本章では、在日コリアンと呼ばれる人々と国民国家日本との関係のうち、文化的アイデンティティーを同一化することなく、市民的アイデンティティーを共通にしようとする指向について検討する。不法滞在と認定される人々の問題を見据えながらも、[9]特に在日コリアンと呼ばれる人々と国民国家日本との関係に焦点を合わせ、市民権が国籍に基づく権利の束であるという定式に、再考を迫ることを目的とする。

◉――日本の中の朝鮮・朝鮮の中の日本

マイノリティーの権利と普遍的人権概念の研究をキムリッカの検討を中心に行なった金泰明は、日本人と在日コリアンの共存を目指す多元的社会を目指す文脈において、日本における「チマ・チョゴリ事件」の多発を民族を巡るコンフリクトとして位置づけている。[10]そして、金は日本人と在日コリアンの相互の共通了解の領域を不断に形成する、互いの人間的な共感が重要であるという指摘を行なっている。

金はその論稿の中で、金自身の在日コリアン二世以降の世代の経験として、同化や差別という現実に触れ、否が応でも民族に向き合い、自己のアイデンティティーを模索する経験、そこで社会という横軸と歴史という縦軸の中に今の自分がいるという発見の過程を論じている。

金が強調する人間的な共感とは、自省を踏まえて、互いが過去の歴史で舐めた辛酸を思いやり、労わりあうことである。例えば、朝鮮人従軍慰安婦問題において、金学順の「一七歳の私の青春を返して欲しい」という悲痛な叫び声は決して過去への恨みの言葉ではなく、自らの生を認めよという叫び、即ち、これからの人生を生きる発露と解釈すべきだと、金は主張する。

金の指摘の重要性は、彼が日本社会の「良き市民」たるべき条件として、第一に自己中心性からの出発、第二に公共的なものへの指向という相互承認の原理を強調している点にある。そのために求められるのがルール的人権原理であり、そこでは対等な資格の市民たちが一般的なルールを共有することによって、「文化的アイデンティティーを異にしながらも市民的アイデンティティーを共通にする」ことが求められている。

私は二〇〇五年五月、従軍慰安婦問題について、毎週水曜日、ソウルの日本大使館前において謝罪と賠償を求めて抗議行動を続けてきた元挺身隊のハルモニたちとともに水曜デモに参加した。

その前日、配偶者と当時小学校二年生であった息子と一緒にハルモニたちが普段生活している「ウリチブ」（私たちの家）を訪問する機会を持った。たまたま息子がハングルの勉強のための練習ノートを持っていたので、ハングルを勉強していることに対してハルモニたちがとても喜ばれたこと、一人のハルモニがお小遣いを下さったこと。そして食事が終わった後、自室に案内をされたハルモニが自分の下腹部を示し、どんなに醜いことをされたかを語られたことを思い出す。

その際、彼女はソウル出身の私の配偶者に対し、次のような言葉を伝えたそうである。

「この問題は、私たちだけの問題ではなく、日本社会で子どもたちをどう育てていくかの問題ですよ。

あなたたちがしっかりやらなければ、あなたたちの子どもたちが大変なことになるのよ」

我々は、日本に帰ってから、このハルモニの言葉をしっかりと受け止め、相互の共通理解という長い道程を踏み出すためには、元挺身隊の被害者の人々と同じような被害を受けている在日コリアンの現状を理解することが不可欠であると思い至るようになった。

強制連行や従軍慰安婦という例だけでなく、最終的には自らの意思で日本に残った在日コリアンに共通する「差別」の根本原因、そこにある社会的関係における痛みの棘が、国民国家日本の系統的な彼女らに対する「不承認」によっているのではないか、そうだとしたら、そこにある共通損害[11]を認定しないで日本において人権を語ることは許されないのではないかという、思いである。

この共通損害を明らかにするためには、国民国家と植民地帝国の二面性を有する「日本」のデモーニッシュな性格の本質を明らかにする必要がある。国民国家は、権力の無制約性によって特徴づけられるが、その無制約性は端的に、「国家」に対し「国民」が負う、兵役義務を中心とした無限の献身（devotion）の要請として現れる。

「国民」は「国家」に対して、「心を尽くし、魂を尽くし、力を尽くして」（申命記六章五節）忠誠を誓わなければならない。

この反面として、国家の無制約性は、いずれの「国民国家」にも所属しない人々の、「権利を持つ権利の喪失」となって暴露されることになる。

「国家」の無制約性は、対外的侵略、即ち戦争となって極限に達するが、実際の武力衝突に動員される兵士同志の殺し合いだけでなく、非戦闘員をも無差別に殺戮し、「平時」においても、植民地の人々に対するトータルな人間性の否定となって現れることになる。[12]

このデモーニッシュな神、「国民国家日本」が構成員資格として教義の中心におくのが「国籍」である。天皇への忠誠という祭儀だけでは、「植民地帝国」の維持は不可能だからである。

「国籍」の持つ魔神性は、戦争中には、「臣民」として軍人、軍属として徴用されたにもかかわらず、戦後の「国民」から排除されるという理由で、全く補償の対象にならなかった故鄭商根の人生や、戦後「国民」年金の創設時に「国籍」がないため「共同連帯」から排除され、その後の法改正のときにも排斥され続けた在日コリアンに共通する運命に端的に現れている。

本章では、人権一般ではなく、この「国籍」の持つ魔神性を明るみに出すことによって、「我ら日本国民」とは誰なのかを、もう一度考えなおす土台を作りたいと考えている。

市民権と国際人権規約

市民権を、国籍を有する者が、国家に対して持つ権利の総体を現す言葉として使用するという従来の用法には、人間の尊厳及び社会における多文化共生の視点から大きな問題がある。

しかし、それだけでなく、理論的にも二つの問題点を含んでいる。

第一は、国際人権規約に関わる問題であり、第二は、国籍という法概念の魔神性にかかわる問題である。

いうまでもないが、一九七九年に日本国が批准した国際人権規約は、締約国に対し、その市民に対する人権規約上の権利を保障する国際法上の義務を課している。そこでいう「市民」には、当然、国籍保持者以外の定住市民も含まれている。

それどころか、市民的及び政治的権利に関する国際規約第二六条にいう「他の地位」及び経済的、社会的及び文化的権利に関する国際規約第二条二項にいう「他の地位」には、国籍が含まれることに争いはなく、日本は国籍による差別なしに人権規約上の権利を保障する義務を負っているのである。

従って、国際人権規約が裁判規範性を有する部分はもちろん、立法義務を課している部分についても、日本国との関係で市民権を語るときには、当然特別永住者を含めた定住外国人は、少なくとも含まれるといわざるを得ない。

この点、国際人権規約上の権利が、世界人権宣言以来の人間の固有の尊厳に由来する権利であるということが留意されなければならない。憲法上の権利としての人権も、国際人権規約上の権利としての人権も同一の道徳的原理から派生するものであって、歴史と制度の違いを越えた相互の建設的な対話が必要となる。

この点に関し、日本の憲法学の立ち遅れが指摘されて久しい。特に、地位として位置づけられた市民権という意味での人権概念が、プロクルステスの寝台となってしまっている。

確かに、憲法上の人権概念と国際人権規約上の人権概念が厳格に区別されるべきであるという主張は、論理的には成り立ちうるだろう[13]。

しかし、それでは、日本政府、立法府、裁判所と人権規約委員会との「建設的な対話」は不可能になろう。

国際人権規約のほぼ全ての権利は、国家と国籍保持者との地位ということで区別することは不可能な内容を持ち、個々の権利につき、締約国が尊重し（respect）、充足し（ful fill）、保護（protect）する義務、即ち三層構造の義務を負う[14]。

これを例えば、社会権規約上の適切な居住への権利についていえば、締約国は現在ホームレス状態にある人々に対し、ホームレス状態を解消するための立法を行なう義務（充足する義務）を負う。強制立ち退きにあたり、高度の正当化事由がある場合であって、真正な協議のうえ、やむを得ない場合は、適切な代替住居が保障されることが立法府或いは、行政府により現実化されなければならない（尊重及び保護する義務）。

そして、裁判所が、その必要最低限の中核部分については、上記の現実化がなされていないと判断する場合は、条約を自力執行力のある裁判規範として適用し、強制立退きを違法とする責務を負うものである（minimum core obligation）。

即ち、国際人権規約上の権利は、締約国の裁判所によって直接保障されるべき最低限の中核部分を含んでいることが留意されねばならない。

しかも、私人同士において、強制退去が行なわれる場合にも、裁判所の保護義務が規定されている。侵害の主体が私人であるか、国家であるかが大きな違いをもたらさないのはこのためである。

日本国は、人権規約を批准し、一般的意見に対し、異議を述べない以上、憲法の私人間効力の問題を持ち出すことでこの条約の義務から免れることはできない。

議論の混乱は、国際人権という概念が正しく理解されないことから生じているだけでなく、憲法上の権利が、法律以下の下位規範の違憲審査において、国際人権規約とどのような関係に立つかについて厳密に考えられていないことにもよる。

従来、国際人権規約の国内的実施において、規約の内容によって、憲法上の権利の内容が充填されることには、むしろ否定的であるのが、憲法学者の共通認識であったように思える。

しかし、これは、憲法と国際人権規約の関係について誤解に基づく立論である。即ち、例えば、憲法九条と安保条約の関係のように、条約の憲法適合性審査が問題となる場面においては、憲法の意味内容が、条約によって充填されるというのでは、違憲審査ができないことになる(しかし、実際は、最高裁判所は、安保の論理によって、憲法の内容を充填している)。

他方、例えば、上告理由において法律の憲法適合性審査が問題となる局面で、併せて、法律の国際人権規約違反が主張される際には、裁判所は、法律の無効を決定するための整合的な判断基準をつくる必要から、憲法と国際人権規約を整合的な法体系として解釈する責務を負うことになる。この局面で、憲法の意味と国際人権の意味は、相互に充填関係に立つことになる（しかし、最高裁は、民事訴訟法にいう、上告理由中の憲法違反に国際人権規約違反を含めないという運用を行なっている。法律の条約違反を認める最高裁の立場とどう整合するのか、検討される必要があろう）。

例えば、居住権との関係でいえば、憲法二五条の健康的で文化的な最低限度の生活の内容は、日本の財政状況や経済社会状況だけでなく、国際社会において最小限の中核的部分がどのような内容を持つかによって、初めて、意味が充填しうるものであることになろう（憲法九八条二項）(15)。

人権の享有主体性の問題は、この点でも重要な意味を持つだろう。

国際人権の出発点は、国民国家の統治権に服する者全ての者の権利を出発点とし、国籍保有者に限られるのはむしろ正当化理由が存在する場合に限られるからである。

市民権を、国籍を有する者が国家に対して持つ権利の総体を現す言葉として、憲法上の権利と同視する考え方は、以上のように国際人権規約採択後の法状況を反映していないのみならず、より端的に、国際人権規約の諸権利が持つ豊かな内容の実現を妨げているということが、指摘されなければならない。

◉──国籍概念の魔神性

次に、日本において、そもそも国籍という法概念は、極めてイデオロギー性の強い概念であるという点、即ち、国籍概念の魔神性に留意する必要がある。

日本の国籍法は、大日本帝国憲法下において一八九九年に制定されたが、戸籍法の施行と相俟って、帝国臣民の地位を定める法律として機能してきた。

この点を大日本帝国憲法下の通説であった美濃部達吉の学説に即して見てみよう[16]。美濃部は、明治三二（一八九九年）年法律六六号国籍法が、日本国民たる資格要件を定めるとする一方で、その制定前においては、慣習法によってのみ国籍が定まっていたと主張していた。ところで、国籍法自体は、「内地人」たる資格要件を定めていた。「内地人」たる身分は、戸籍によって証明するという関係で、国籍法と、大正三年（一九一四年）法律二六号の戸籍法が不可分な制度とされたのであった。即ち、戸籍が、国籍を公証する制度であるとされるに至った（但し、戸籍の届出なき者も国籍の取得はあるとされていた）。

また、「外地人」のうち朝鮮人は、一九一〇年の韓国併合条約によって、当時の韓国籍を有したる者全て「外地人」としての日本国籍者となったとされた。

しかし、併合当時の「大韓帝国」の国籍自体、内地の戸籍制度を手本としたものであり、一九〇九年四月一日施行の民籍法により、一九一〇年の四月までの間に、日本人巡査・憲兵などによって各村落・各戸の実地調査が行なわれ、民籍簿が作成されたことにより確定したものであった[17]、ことは注意を要する。

その後の新たな朝鮮人たる身分の取得或いは喪失については、総督府が天皇の勅裁を経て制定する制令により国籍法によるべきものと定められ、「国籍法と同一の制が適用せらる」と美濃部は、解していた[18]。

しかし、美濃部達吉の『憲法提要〔改訂第五版〕』（有斐閣、一九三二年）は、説を改め、朝鮮における外地臣民の国籍の得喪については、「未だ成文の規定がない」から「慣習と条理とにより決する外なし」という記述に改められた[19]。

美濃部の教科書の記述の変化は、以下のような経緯によると思われる。一八九九年の国籍法の制定当初は存在しなかった国籍離脱の制度は、一九一六年の改正によって創設され（但し、全てについて許可主義）、一九二四年の再改正により、一部について届出で足りるとされるに至った[20]。ただ、「自己の志望によりて外国の国籍を取得したる者は日本国籍を失う」という国籍喪失の規定は制定当初から存在した（旧国籍法第二〇条）。

この改正は主として、アメリカ合衆国等の日系市民の要望に応えるものであったが、一八九〇年代から朝鮮半島に侵略していった、大日本帝国の一貫した政策である、「朝鮮人の国籍離脱を認めない」ことと抵触する虞が生じた（アメリカ国籍を取得した朝鮮人が、国籍留保の届出をしないと、自動的に国籍を喪失することになる。旧国籍法第二〇条の二第一項）。

特に、日本の中国大陸東北地方（旧満州）に対する侵略が開始され、旧満州地区に住んでいた朝鮮族の国籍喪失・離脱を防ぐ目的から、国籍法の「届出による国籍喪失・離脱」は、朝鮮人との関係では準用されないことを明らかにすることが、国際的に必要となったのである。例えば、一九三〇年二月一八日の閣議決定により、国籍に関する条約について、外務省に送られた国籍問題訓令は、次のような一項を含んでいた。

「朝鮮には、未だ国籍法施行せられおらざるを以て朝鮮人の国籍喪失に影響を及ぼすが如き条項の審議に当りては朝鮮人に付ては帝国政府は国籍喪失に付……決定の自由を保有することに措置ありたし」と。[21]

植民地帝国日本の国策によって、国籍離脱の機会を奪われた人々を、学説は見捨てたのである。この事情は、美濃部だけ一人に限られない。

外地法の専門家であった、清宮四郎は、「外地人」と「内地人」の区別は、皇族と一般臣民の身分の違いと同じように、身分の問題だとしていた（清宮四郎『外地法序説』有斐閣、一九四四年）。しかし、日本国憲法下で生じた、サンフランシスコ講和条約に伴うとされる朝鮮人の日本国籍喪失、特に日本社会に定住していた朝鮮半島出身者の問題について、清宮は何も言及せず、ただ「太平洋戦争の結果、我が国籍を離れるようになった」という指摘をしたに留まる（清宮四郎『憲法I』有斐閣、一九七一年）。

戦後憲法学の第一世代の憲法学者である清宮、宮沢らは、「内地人」と「外地人」の区別が身分の問題であることを知り尽くしていたはずである。

実際、宮沢は、日本国憲法施行によって、法の下の平等の原理に反する、「内地人」と「外地人」の区別はなくなったと明言している（宮沢俊義『憲法Ⅱ』有斐閣、一九五九年）。しかし、宮沢もサンフランシスコ条約による国籍喪失について口を閉ざしたままであった。

ところで、共通法三条（大正一〇年七月一日より施行）に定められた場合以外は、外地と内地、或いは異なる外地間の転籍が禁じられていた。これは、内地人にのみ兵役（という栄誉）が認められていたことによるとされるが、戦争末期、朝鮮人に兵役が課せられてからも、その制度は変化することはなかった。

昭和二五（一九五〇）年五月四日法律第一四七号として、国籍法は全面改正され、同年七月一日に施行された。国籍法が施行された時点では、異法領域としての外地、外地法、内地と外地を連結する共通法（いわゆる共通法秩序）は、その効力を失っていたから、一九五〇年国籍法は、日本に在住する旧外地人との関係においても施行されたと考えざるを得ない。

二重国籍の問題が生じたのである。

現行国籍法は、届出により完全に自由に二重国籍者の国籍離脱を認めているから（一九五〇年国籍法第一〇条、憲法二二条）、在日コリアン一世は、国籍離脱の届出をするのでない限り、日本国籍と二重国籍状態にあったと考えざるを得ない。

にもかかわらず、一九五二年四月の時点で、憲法によって無効となったはずの、「内地人」「外地人」の区別に基づいて、日本国籍を決定した点において、日本に定住していた朝鮮半島出身者が、サンフランシスコ講和条約により国籍を喪失したとする、法務府民事局長通達は、明らかに誤りである。

以上の論旨からすれば、在日コリアンとその子孫は、法的には、現在においても、二重国籍状態にあるといわざるを得ない。

特に、日本国憲法制定時の国籍保持者のうち、外国人登録令によって外国人登録を義務づけられたという点において、日本への定住が定められていた人々との関係において、戸籍法の適用がないということで選挙権が停止されていたが、これらの人々が憲法との関係において、主権者の一員であったことはポツダム宣言の「日本国民の自由に表明せられたる意思」に基づいて、憲法が制定されたという趣旨からしても明らかであった[22]、ことが留意されるべきである。一九四六年一一月三日に制定公布された日本国憲法における主権者、「我ら日本国民」には、当然、在日コリアン一世も含まれていたのである。

結　び

憲法制定権力と同一視される憲法改正権の行使である憲法改正国民投票においては、特別永住者とその子孫がその投票権者から排除されていることは、この点から極めて問題があるといわざるを得ない。

憲法を改正するなら、在日コリアンを含めた、市民社会の共存のためのルール設定として、行なわれなければならない。

政治思想の寺島俊穂は、外国人の人権の制限の理由として、特に公務員就任権を制限する「当然の法理」の背後に、外国人は「忠誠義務」において劣るから公権力の行使に携わることはできないという思想がある点を指摘し、国籍という概念に隠されているのは「忠誠義務」であり、国民と外国人を分ける決定的な理由は、戦争システムとしての近代国家システムにあることを明らかにした(23)。

そして寺島は、国家への忠誠が最も要求される戦争を放棄する憲法上の規定があることを根拠に外国人の公法上の権利の制限の根拠は消滅していると指摘する。

行政法の森田寛二は、憲法九条二項後段にいう「交戦権」の意味が、実は、「戦争状態を起こすことの権利」、即ち、「宣戦布告の大権」であることを、明らかにした(24)。

現在進められようとしている憲法改正の主眼が、九条二項の削除にあることからすれば、なおさら、戦後、「国籍」によって排除され続けてきた在日コリアンの意思を問うことなく憲法改正を行なうことはできないのではないか。

それが、日本社会において安心して共存して生きる権利という意味での市民権の条件である。

(1)　近藤敦「人権・市民権・国籍」駒井洋 監修・近藤敦 編『外国人の法的地位と人権擁護』(明石書店、二〇〇二年）一七頁。

（2）野中俊彦・中村睦男・高橋和之・高見勝利『憲法Ⅰ〔第四版〕』（有斐閣、二〇〇六年）二一三〜二一五頁も、憲法上の人権を「消極的権利」「積極的権利」「能動的権利」に分類する。

（3）宮沢俊義『憲法Ⅱ〔新版〕』（有斐閣、一九七一年）「抵抗権についてのあとがき」において、次のように述べる。「個人の尊厳から出発するかぎり、どうしても抵抗権をみとめないわけにはいかない。抵抗権をみとめないことは、国家権力に対する絶対的服従を求めることであり、奴隷の人民を作ろうとすることである。しかし、抵抗権という言葉に、それが本来意味するところの、実定法を破る権利という意味を与えるかぎり、そうした抵抗権を、単に事実上の可能性としてではなく、言葉の正当な意味における『権利』として、確立させようとすれば、その根拠は、実定法以外のところ―自然法ないし道徳則―に求められなくてはならない」。「結局のところ、問題は、さきに述べたように、各個人が、具体的な場合について、対決し、解決するよりしかたがないもののようである。個々に提起された具体的な問題に直面した各人が、まったく個人的に、もっぱら彼みずからの全責任において、それに対する答えを決定しなくてはならないもののようである」（宮沢・前掲書一七三〜一七五頁）。

（4）石川健治「人権享有主体論の再構成――権利・身分・平等の法ドグマティーク」法学教室三二〇号（二〇〇七年）六二頁。同「人格と権利――人権の観念をめぐるエチュード」ジュリスト一二四四号（二〇〇三年）二四頁。同「人権論の視座転換――あるいは『身分』の構造転換」ジュリスト一二二二号（二〇〇二年）二頁。

（5）中谷実「外国人の人権――七つのアプローチと二つのパラダイム」ジュリスト一二四四号（二〇〇三年）一五八頁は、外国人の人権に対する憲法学のパラダイムを「国民国家パラダイム」と「国民国家相対化パラダイム」に分類したうえで、後者にも、「定住市民アプローチ」「永住市民アプローチ」「市民主権アプローチ」があると指摘する。

なお、安念潤司は在留資格によって区別される特別永住者、定住者、別表第一の在留資格、別表第二の永住資格のうち、これらの区別が法律により定められたということを根拠に、在留資格が個別に制限を受けている別表第一の在留資格者の法状況を分析することによって、入国の自由が認められない以上、そもそも外国人の人権たる概念は、成立する余地がないという問題を提起する。しかし、安念自身が認めるように、在留資格が必要のない「日本国民」という資格が、どのような法的根拠に基づいているかも、安念の見地からは相対的である。従って、外国人の人権という問題に一定の結論を出すためには、本文で述べるように日本国民と特別永住者の区別が本当に立法による区別として維持されるのかを検証してみなければならない（安念潤司「『外国人の人権』再考」樋口陽一・高橋和之 編『現代立憲主義の展開（上）』有斐閣、一九九三年、一六三頁）。

(6) 藤田宙靖『行政法Ⅰ 総論〔第四版改訂版〕』（青林書院、二〇〇五年）六〇頁、三五三頁。

(7) 例えば、橋本博之『解説 改正行政事件訴訟法』（弘文堂、二〇〇四年）は、「現在の裁判実務では、退去強制令書発付処分の取消訴訟を提起し、執行停止を申し立てた場合に、退去強制令書に基づく強制送還の執行停止については、『回復の困難な損害』要件をクリアするものとして申立てを認容する」としている（一二八頁）。そのうえで橋本は、改正法が執行停止の要件を「重大な損害」に緩和したことを受け、収容自体の執行停止の可能性を示唆する（一二九頁）。

(8) 遠藤比呂通『市民と憲法訴訟』（信山社、二〇〇七年）第八章。

(9) 小泉良幸「入国の自由」法学六七巻五号（二〇〇四年）一五二頁が、「外国人は入国の自由を有しない」という定式自体が、リベラリズムにとって正当化困難であると主張したうえで、構成員資格の閉鎖性を認める共同体論者であるウォルツァーでさえ、「外国人労働者（guest worker）に関して、彼ら・彼女らが希望するならば、十全なシティズンシップが認められなければならない」と主張していることを、自説の補強としている（一六九頁）。

(10) 金泰明『マイノリティの権利と普遍的人権概念の研究――多文化的市民権と在日コリアン』（トランスビュー、二〇〇四年）七頁、三〇〇〜三一三頁。

(11) この点で特に重要なのが指紋押捺の強制についてであるが、これについては、次の文献を参照。申英子・熊野勝之『闇から光へ――同化政策と闘った指紋押捺拒否裁判』（社会評論社、二〇〇七年）、崔善愛『「自分の国」を問いつづけて――ある指紋押捺拒否の波紋』（岩波書店、二〇〇〇年）。

(12) 国家のデモーニッシュ性については、パウル・ティリッヒ〔野村順子 訳〕『キリストと歴史』第三章「デモーニッシュなもの」参照（新教出版社、一九七一年）、南原繁『国家と宗教』（岩波書店、一九四三年）。

(13) 高橋和之「国際人権の基本構造——憲法学の視点から」国際人権一七号（二〇〇六年）五一頁。高橋が、「法理論上は、裁判所が条約の意味につき国際機関の解釈と異なる解釈を採ったとしても、そのこと自体が国際法違反となるものではない」と主張することが問題となる。遠藤・前掲註（8）で取り上げた、今宮中学南側歩道強制排除事件の控訴審において、アイベ・リーデルは、社会権規約委員会を代表して、日本の裁判所に対し、日本の裁判所が持つ規約の実施方法についての裁量権を尊重しながらも、中核的義務については、最終的に条約が拘束力を持つべきだと証言した。しかし、大阪高裁はその解釈を採用しなかった。

この点について、予想される、第三回日本政府報告書審査において、「大阪高裁判決の条約解釈の条約適合性」が、社会権規約委員会において審査されることになるが、高橋の立場では、初めから「建設的対話」を拒否することになってしまう。

(14) 阿部浩己『国際人権の地平』（現代人文社、二〇〇三年）。

(15) 熊野勝之「居住の権利（ハウジング・ライツ）」近畿弁護士連合会 編『阪神・淡路大震災人権白書——高齢者・障害者・子ども・住宅』（明石書店、一九九六年）。

(16) 美渡部達吉『憲法提要〔第二版〕』（有斐閣、一九二四年）。なお、著者が利用したのは、一九二三年の初版ではなく、翌年の第二版であるが、第二版は、初版が「震災の結果全部消失した為に、急遽第二版を発行することとした」ものであり、同一内容である（第二版序）。

(17) 水野直樹「国籍をめぐる東アジア関係—植民地期朝鮮人国籍問題の位相」古屋哲夫・山室信一 編『近代日本における東アジア問題』（吉川弘文館、二〇〇一年）二一一頁、二一五頁。

(18) 美濃部・前掲註（16）一五六〜一五七頁は次のようにいう。

「新に朝鮮人及台湾人たる身分を取得し又は喪失すべき原因に付いては、台湾人に付ては国籍法が台湾にも施行せられ（三二、勅令二八九）、朝鮮人に付ては制令により国籍法によるべきものと定められ、何れも国籍法と同一の制が適用せらる」。

ここで、美渡部が台湾と朝鮮に共通する制度として「国籍法と同一の制」が適用されていると、主張している点、即ち「国籍法が施行された」といっていない点には若干の注釈が必要である。

台湾においても朝鮮においても、内地の法律及び勅令は、性質上当然に施行せられる目的を以って制定されたと認められなければ、効力はなかった。内地の法律及び勅令を施行するには、その旨の勅令が必要であった。国籍法については、台湾に施行するという勅令があったが、朝鮮にはなかった。しかし、朝鮮総督が勅裁を経て発する制令（内地の法律に相当する）によって、「国籍法によるべきもの」とされていたのである。

従って、台湾には国籍法そのものが施行され（勅令ではなく）、朝鮮においては制令（内容は国籍法と同じ）が施行されたことになるが、両者の内容に着目して、美濃部は「国籍法と同一の制」といったのである。美濃部・前掲註（16）四四八〜四五〇頁。なお、一九三〇年刊行の佐々木惣一『日本憲法要論』（金刺芳流堂）二〇四頁も、「朝鮮に於ては制令を以て依るべきものとせらる（明治四三年制令第一号参照）。故に此等の地方に在ても或者が日本人たると否とは国籍法に依て定まる」と明確に指摘する。

(19) 台湾と朝鮮に「国籍法と同一の制」が適用されるという美濃部説は、一九二六年の『憲法撮要〔訂正第四版〕』まで維持されていた。従って、江川英文・山田鐐一・早田芳郎『国籍法〔第三版〕』（有斐閣、一九九七年）二一〇一頁が、「国籍法の規定の内容に準じ、慣習と条理によって定まるものと解するのが通説であった」として、美濃部達吉『憲法撮要』（有斐閣、一九二三年）を引用するのは、誤りである。

(20) 江川英文・山田鐐一・早田芳郎『国籍法〔第三版〕』（有斐閣、一九九七年）。

(21) 水野・前掲註（17）二三〇頁。

(22) 江橋崇『「官」の憲法と「民」の憲法――国民投票と市民主権』（信山社、二〇〇六年）一〇九頁。

(23) 寺島俊穂「国家主権と国籍条項」慶應義塾大学法学部政治学科開設百年記念論文集『近代国家の再検討』（慶應義塾大学出版会、一九九八年）三一一頁。

(24) 森田寛二『憲法制定の「謎」と「策」（上）』（信山社、二〇〇四年）八九〜一〇二頁。

結び　プラクシスとしてのエクソダス
――人権についていかに学ぶか

私は、今、小泉良幸先生から紹介がありましたように、もともとは憲法学者でありました。このような教室で、今から一〇数年前、今の諸君の席に座っていた若き小泉先生に対して憲法を教えていた時代がありました。それがだいたい九年間。その後三六歳のときに大学を辞めまして、今、紹介がありました釜ヶ崎及びその周辺、西成地区と呼ばれていますけれども、西成で、これもまた九年間、弁護士をしております。

この九年、九年の間にいろいろ考えたことを、まず前半は、大学で考えたことを中心にお話をしたいと思います。それから後半は、弁護士となってから考えたことをお話したいと思います。たぶんこの二つの世界はかなり違ったように思いますし、私自身も非常に違う体験をしてきたなと思うのですが、にもかかわらず、今日ここで小泉先生やその教え子のみなさんたちに大学で人権を学ぶことについてお話をすることは、この一八年間、二〇年近い年月を通じて共通する、法律、法学、法を学ぶということについての何か大事なことがあるのではないだろうかという期待のもとに、この話を引き受けました。本当にそのようなものがあるかどうかは私自身にも分かりませんから、どうぞそれは今日お話を聞かれたみなさんがご自身でお考えください。

◉——トンネルをくぐるとそこが釜ヶ崎

まず、みなさんの中で大阪出身の方はどのくらいいらっしゃいますでしょうか。ちょっと手を挙げていただけないでしょうか。約半数かな。その中で——ずっと手を挙げ続けている人がいますが、発言したい人がいたら、質問があったら途中でもいいから手を挙げていいですよ——今、話に出た釜ヶ崎というのがどこにあるかを知っている方がいらっしゃったら、手を挙げていただけますでしょうか。知っていることが恥ずかしいということは絶対にないですから、どうぞ手を挙げていただけますか。ここになると二、三人ですね。ありがとう。

まず、その釜ヶ崎がどこにあるかという話から始めなければならないと思いますが、これは簡単です。みなさん今日、阪急電鉄の「関大前駅」からほとんどの方が歩いてここに来られたと思いますが、今から梅田方面に帰られる方は、一台おきに、梅田行きと天下茶屋行きがあるでしょう。その天下茶屋行きに乗られると、「天下茶屋」の一つ手前に「動物園前」という駅があります。

この「動物園前」という駅の一番前の方で降りて、まっすぐ行って階段を登る。そして出たら、突き当たりを右に曲がる。そうすると阪堺電気軌道、チンチン電車と呼ばれている電車のガードがあります。それをくぐると、そこが釜ヶ崎です。

ただ、気をつけなければならないのは、「釜ヶ崎」という地名は地図に載っておりません。ちょっと漢字で書いてみますね。書けるかな。今、私の小学生の息子が聞いておりますので、書き順を間違えると怒られるのですね。「釜ヶ崎」というのは、このような字を書きます。まず住居表示上は「萩之茶屋」と呼ばれております。行政用語としてここは「あいりん地区」、ひらがなでだいたい普通はカギカッコで括られるんですが、そういった名前で呼ばれています。「隣人を愛する」という意味を込めて「あいりん」と呼ばれている地区です。

私が釜ヶ崎に一九九六年に来てからの話は後でさせていただきますが、この街を一言で申し上げるならば、非常に他の街とは雰囲気が違う。どう雰囲気が違うかというと、ある人はそこには自由があると。つまり昼間からお酒を飲んで路上で寝ていても、すぐに通報されて追い出されたりしないという意味で自由がある。もう一つは、そこは、これは付近の人が特にそうなんですが、怖いところだというように思われている街でもあります。ただ実際、私も私の連れ合いもここに住んでいたことがありますが、怖い思いをしたことはありません。しかし周りの人から怖いと思われている街であります。

野宿をしている人、路上に寝ている人が多い街ですから、そういった人間の生活臭の独特のにおいがあるというのも事実です。多くの方は男性ですが、女性や子どももおります。小学校もあります。日雇い労働というのは、朝の早い時間から夕方四時、五時ぐらいまで一日一生懸命に働いて、私が来たころは一万三五〇〇円、今は一万円ほどの日給をもらって生活しています。これは聞いただけだといい仕事だと思いますが、現場に行ってさせられる仕事が何か分からない。どこに連れて行かれるか分からない。そして何よりも不安なのは、その日仕事があるかどうか分からない。そして一番安くて危険な仕事を、釜ヶ崎から行った「使い捨て」労働者がさせられる。

日雇いというのは使い捨てということですね。別にわざわざ労働法上の要件を守って解雇をしなくても、一日一日のベースで雇われている、使い捨てがきく労働者として存在する。

しかも歳をとっても年金もなければ、生活保護を受けようと思ってももらえない。アパートに入りたいと思っても、まず収容施設というような場所に入りなさいと。それから様子を見てあなたが社会生活がきちんとできる、自立ができる人間かどうかを見てから生活保護のアパートに行けるかどうか決めますと。

しかも、お酒を飲んで酔っぱらう。みなさんこれから新入生歓迎行事やコンパなど、お酒を飲む機会がたくさんあると思います。大学では、お酒を飲むのがとても楽しい時間になります。嫌いな人にとっては苦痛以外の何物でもないのですが。そういう時間を過ごしますが、お酒というのは残念ながら環境によって非常に左右される。厳しい生活をして、周囲から厳しい目で見られている人たち、汚い、怖いと思われている人たちのお酒というのは、酒癖が悪くなって当たり前のところがあります。それはいい訳にはなりませんが、そういった意味で、ちゃんとした社会生活ができないと思われ、そして実際にそうなってしまっている人たちがいます。

しかし、私が九年前に釜ヶ崎に入ったときに、四〇日間ですが、現場で働きました。四〇日目に親方から「あなたは明日も来るんですか」と聞かれました。そのとき私は、明日も行くつもりだったのですが、やはり自分が働くことが迷惑なんだなと思いまして、四〇日で仕事を辞めました。それでも私は、四〇日間だけでも仕事をやってよかったと思っています。路上で寝ていたり、非常に寂しい、つらい生活をしている人たちに対して哀れみの目で見ていたのが、現場に行ったら、私なんかがとうてい及びもつかないスピードで、すばらしく、上手に働いている先輩たち。その肉体労働のたいへんさに耐えて、何年もこうやって毎日朝四時に起きて日雇い労働をしてきた先輩たち。そういう人たちが仲間である、あるいはそれ以上に尊敬を受けてしかるべき人たちなのだという目をあまり私たちは持っていないのですが、少しだけ私はそう見ることができるようになりました。それまでは、大学という非常に社会の中では特権的な立場にいる場所、その特権的立場から見ていたのが、少し釜ヶ崎にいる人たちの目から見られるようになった。そういうことが釜ヶ崎での私の出発点でした。

◉——アカデメイアからエクソダスへ

今、私は、大学が社会の中で特権的な立場にある人たちの場所だといいました。これは決して大学を批判しているわけではないのです。その特権をこれからどう活かしていくかを今日ぜひ考えていただきたいという意味でこの言葉を使ったのです。

私は大学で教えている当時、大学を次のように考えていました。大学という場所は、社会からいったん離れて入る。入学するということは、何かから出るということを意味しますが、それはいったん、みなさんが本当にかわいがられて、生かされてきた親を含めた社会一般を捨てろといっているのではないのですが、親の考え方やその常識を含めた世界からいったん出て、自分でものを考えられる人間になっていく、そういう場所が大学だと思っていました。

自分でものを考えられるということは、簡単なようですが、これが実はいちばん難しいことです。いろいろなことにみなさんは意見を持っていると思います。靖国神社に小泉純一郎元首相が参拝することがいいことか悪いことかについて、みなさんはもしかして意見を持っているかもしれません。そういうことを朝まで討論してくれる番組もあるかもしれません。だけど、そういうマスコミや上っ面の知識で流れていることの中で、本当に自分の目で見極めたうえで意見を持つことは、今の社会ではとても難しいことなのです。私たちが偏見――これをギリシア語でドクサ、憶見といいますが、こういう社会に普通、常識として拡がっているけれども非常に浅い考え方、偏見なり憶見、ドクサを一回離れて、その場所から離れて真理を探究する場所が大学であると、今でも私はそう思っています。

どうしてそのドクサを離れて真理を探究することが大学において可能なのかといいますと、ここでアカデメイアという言葉が出てくるのです。アカデミー、大学は、そういったことを訓練した先輩、教授陣たちが、みなさんと対話をする中で、みなさんの中にある真理への卵、これをみなさんの中で育てていって、それをみなさんが産み出すときの産婆さんの仕事——産婆術といいますけれども、産婆さんの仕事をする場所が大学であると思います。これはプラトンやソクラテスという人たちの考え方なのですが、こういったところが大学だというように私は思っていました。

そして大学で一番大事な入学の条件は、みなさんは難しい試験をくぐり抜けて大学に入ってこられたわけですが、数学ができるとか英語ができる、国語ができるということも大事でしょうけれども、大学の入学条件の中でいちばん大事なことは、「自分が、自分の人生の生き方について、どう生きていってていいかを実はよく知らない」ということに気がつくことです。つまり、我々はヘリコプター、飛行機を操縦できないことは知っているかもしれませんが、自分がよく生きるということを知らないことについては、何となくいろいろな人から教えられて知っているような、賢い生き方について知っているような気がしている。これはきっぱりと忘れてほしい。これがアカデメイア、大学への入学条件だったのですね。

でも今、私は、同じようなことなのですが、大学に入るということをちょっと違ったことだと考えています。今、ギリシア的な、ソクラテス、プラトン的な話をしましたが、私は最近、大学で何を学んでほしいかといったときに、みなさんにぜひ、大学を「エクソダス」「出エジプト」

の機会だと、今いる場所がエジプトだと考えてほしいと思っています。

これは、旧約聖書出エジプト記の話なのですが、イスラエルの民、ユダヤの民族は、エジプトで奴隷であった状態から抜け出して、葦の海、紅海の奇跡によって――モーセという指導者が杖を突くと海が二つに分かれて、一〇〇万以上の民がそこを渡っていった。後を追ってきたエジプトのファラオ、王の軍隊、鉄の戦車と馬に乗っていた人たちは、その海で溺れ死ぬ――そういった奇跡を越えて、イスラエルが約束の地カナン、今のイスラエルに来るまで四〇年間荒れ野で教育を受けるわけです。

大学は一人ひとりが教育を受ける場所ではなくて、ここでいえば、法学部だけで一〇〇〇近い仲間が、あるいは一〇〇〇人を超えた仲間がともに何かを学んでいく場所、それが大学です。モーセの時代が四〇年ありましたけれども、現代の社会として四年間という時間をかけて教育をする、職業訓練ではなく、大学において教育をする、それを受けられることが非常に大きな特権であり、諸君に与えられた機会なのですね。それはモーセというリーダーに率いられた荒れ野の四〇年という時間と私は似ているのではないかと思います。あるいは諸君のうちの何人かには、そういう時間を過ごしてほしいと私は思っています。

今、私が、諸君がいるところがエジプトだ、エジプトは奴隷状態であったということをいいました。しかし諸君は心の中で、「いいえ私は奴隷でもないし、エジプトに住んでいるわけでもありません」と思っているでしょう。そこで少し、エジプトで奴隷状態であったイスラエルがどういう状態であったかについてお話ししたいと思います。

それはそんなに難しいことではありません。ファラオという呼び名の国王に、最初は給料をもらって使われていた。その前はゲストだった。そのイスラエルの民が、無賃、一銭もお金をもらわない労働基準法違反の状態で、無制限、目的も分からないで、「レンガを焼いてこい」「灌漑施設を造ってこい」というくらいだったらまだ分かるのですが、「王の墓を造れ」とか「王の宝を蓄える倉庫を造れ」とか、いったいなんのためにこのようなものを造らなければならないのか分からないようなものを、朝から晩まで、倒れるまで造らされた。目的は分からないお金はもらえない、そして時間制限もない、そういう奴隷状態でした。

受験勉強というのは、ある意味で、嫌な人にとっては奴隷状態なんですね。これはしかしまだ将来、何か自分のためになる、親にいわれてやったんじゃない、自分のためだというのがどこかに残っているから多少は耐えられるところがあるかもしれませんが、これも分からなかったら、我々の社会も実は奴隷状態ということがありうる。エジプトにおけるイスラエルの民にとっては特にそうだった。だからその人たちは、王の軍隊に追いかけられて逃げるときに、戦おうという根性は全然なかった。とにかく怖かった。彼ら、彼女たちが逃げるためには、奇跡しかなかったのですね。王の軍隊に跪いてしまう寸前のところで、海が裂けて、海がエジプトの軍隊をやっつけてくれた。

契約を結ぶ人間の条件

しかし、イスラエルの民もいつまでもそういうわけにいきません。彼ら、その教育、諸君の四年間の教育の目的も同じだと思いますが、いったいどんなことのために教育を受けたのでしょうか。それが今日のもう一つのキーワードである「契約」という言葉です。

これからみなさんは契約法というものを、法律学の一番中心の民法、あるいは社会のルールとしての契約ということでは、憲法の授業で社会契約について学ぶと思いますが、この契約という概念、約束の中で特に重みをもったもの、特に相手との信頼関係について条件がついているもの、罰があるもの、こういうものを我々は契約と呼んでいますが、その最初のモデルは実はヘブライ、イスラエル思想だったんですね。四〇年間の教育は、この契約を結ぶ一人の自立した人間の集団をつくるための教育であったといわれています。これはどういうことなのでしょうか。

キリスト教徒たちが旧約聖書と呼んでいるもの、ユダヤ教徒たちが「モーセの教典」と呼んでいるもの、これはイスラム教徒にとっても教典ですが、その中に神とシナイ山で契約を結ぶという話が出てきます。そしてあの有名な、「人を殺してはならない」というようなことが入っている「モーセの十戒」が石の板に記されて民に与えられたシナイ山ということが有名です。

諸君の中には神という言葉を開いた瞬間、アレルギーを起こす方もいらっしゃるかもしれませんが、肝心なことは、この契約は民と神との契約であっただけではなくて、ここに集まっている、例えば五〇〇人なり一〇〇〇人の人がいたら、遠藤と君たち一人ひとり、あるいは君たち相互に何種類もの一対一の契約を結ぶということを意味していたのですね。それは男も女も奴隷も外国人も孤児も全く関係なく、人間であれば互いにそういう共同体としての契約を結びましょうと。そしてその自立した契約を結べる人間になるためには教育が必要だった。奴隷根性を持っていてはなりません。

　では、いったいこの契約を結べる自立した人間たちの条件とは何だったのか。今、男、女、奴隷、外国人、関係ないといいました。では何だったのでしょうか。それは、この共同体の中で一番弱い人たちも自分の仲間だと認めることができる、そういう認識の力と勇気だったんです。この契約の内容で一番有名なのが、「七日目には休まなければならない」という安息日の規定という契約です。これを破ったらたいへんなことになる。この七日目の安息日の規定は何のためにあるか。もちろん七日目にきちんと神を礼拝するという宗教的な規定でもありますが、その目的は、「七日目にあなたたちは休みなさい、そしてあなたたちが使っている使用人、奴隷にも休みを与えなさい。あなたたちもエジプトで奴隷であったこと、休みなく働かされたことを思い起こしなさい」と書いてあります。

　もう一つ大事な契約に、賃金についての定めがあります。「あなたたちは互いに、ある人は使用人になるでしょう。ある人は雇われる人になるでしょう。そのときその賃金は、翌日まで延ばしてはなりません。あなたたちも無賃で働いた、あの奴隷状態を思い起こしなさい。エジプトで奴隷だったことを思い起こしなさい。お金を与えないで一家の働き手を帰してはだめですよ」と。

そういう契約が結べる民を育てるために、四〇年かけて荒れ野で教育が行なわれました。その指導者はモーセという人でした。

イスラエルの民は、四〇年の後にヨルダン川を渡って約束の地に行くわけですが、もし本当にこの教育がうまくいって、奴隷根性の民から自立した契約、神との信頼関係、互いの、共同体の信頼関係を守れる自立した人間になっていたら、そこはたしかに「約束の地・カナン」であった。しかし残念ながらそういう民は育たなかった。従ってそこもやはりエジプトになってしまった。民が変わらなければ、地名が変わったってそこはエジプト。こういった旧約聖書、あるいはユダヤ教、イスラム教に共通した契約モデルの中で、実は四〇年をかけて教育が行なわれた。いちばん弱い人たちを含めた共同体、奴隷、自分も奴隷になるということがどれほどつらいことかを知っている共同体の自立したメンバーになるための教育、今の言葉でいうと民主主義教育というのですかね、そういったものが実は行われた。これこそ私は、エリートがその社会においてまず身につけるべき教養であり、法律、契約を中心とした法律学というものの根幹に位置する考え方だと思っています。

私が釜ヶ崎に入ってきてから特に思っていることは、正義というのは法律学、法学の契約の中心になっている考え方ですが、それは決して抽象的な原理ではない。具体的な我々の仲間の中にいる孤児と幼子、そして「やもめ」――この場合は夫を失った女性のことですが、男の人の方が社会の中で唯一労働で稼ぎを得るということがあった、そういう男性中心社会のいい方だと思いますから、「やもめ」という言い方は私自身は留保して使いたいと思いますが、いずれにしても、働き手を失った家の人たち、孤児や「やもめ」といわれてきた人たち――を偏り見ず、その人たちに当然与えられた共同体の一員としての身分・地位を尊重しなさいということなのです。これがイスラエルに与えられた正義だったのですね。これは決してかわいそうな人に対して恵んであげようということではありません。むしろ、かわいそうな人だからといって偏り見てその人を優遇してはいけない。そうではなくて、当たり前にその人たちが与えられている権利を擁護しなさい、そういうことが正義なのです。

これは理屈的には何も全然難しいことではありませんが、実際社会でいちばん行なわれることがないことなのです。釜ヶ崎で私が見ている状態というのは、当たり前の人間としての権利がそこでは守られない。強盗に襲われて怪我をして動けなくなっている人たちが、警察に被害届を出しても聞いてもらえない。日雇い労働を山の中に行って一ヵ月もやって三〇万ぐらいのお金をもらってしかるべき人が、一銭ももらえないで追い返されてくる。労働現場で怪我をして、普通の現場だったら休業補償といって休んでいる間の補償や医療費がもらえるのに――労働災害、労災といいますが、そういったものが一切もらえない。そのような当たり前の権利が守られない。こういうことが実は釜ヶ崎で起こっていることです。

いったい私たちの社会が何でこのようなことになってしまったのか。釜ヶ崎が私たちの社会において、あり得ない例外として存在しているならば、あるいはそれをただ諸君に知っていただくだけでけっこうだと思います。ただ、今日最後にお話ししますけれども、釜ヶ崎は私たちの社会のいたるところにあると思います。釜ヶ崎で日雇労働として生じたことが、今、派遣切りとして全国化してしまったのが、その一例です。

釜ヶ崎の「祈り」

私が九年前に釜ヶ崎に入ってきたとき、一人のおじいさんに会いました。私は三六歳で大学を辞めて釜ヶ崎に入ったんですが、そのおじいさんはやはり三六歳で堺の工業地帯から釜ヶ崎にいらっしゃった方です。名前を金井愛明といいます。彼は現在七五歳で、四〇年近くたった現在、車椅子の生活をされて、老人施設で過ごして時々外出されるという生活をされています。この金井先生が四〇年間釜ヶ崎にいて、ずっと考え続けたこと、彼は最初はここに日本キリスト教団の牧師として来られました。今も西成教会というところの牧師ですが、どう見たって牧師には見えない。釜ヶ崎の労働者の一人にしか見えない方です。

彼も釜ヶ崎に来て、私と違って一年間日雇い労働をされました。そしてその後、お酒を飲んでばかりいて健康を害する仲間と一緒にお酒を飲んで、やはり体を壊されました。結核にかかってしまったのです。それまで彼は釜ヶ崎に来て、「教団のなかを含めて有名になりたい、どこかで釜ヶ崎にいることを誇りにして、社会に知ってもらいたい」という色気、名誉欲を持っていました。ただ、この結核にかかって入院したときに、田中正造という足尾鉱毒事件で有名になった政治家について、哲学者林竹二が書いた本を読んで、そういった気持ちもなくなったそうです（『田中正造——その生と戦いの「根本義」』田畑書店、一九七七年）。彼は人民、民に何かを教えようとする傲慢さに気がついて、民から本当に学ぼうとしたと、私が来たときに教えてくれました。私も若いうちからこんなふうに教壇に立って、二八歳から人に人権を数えるということを当たり前にしてきました。「教えるということの傲慢さをまず学んでくれ」と金井先生にいわれました。それから九年、私はその金井先生の言葉の意味を考えています。

金井先生はその後、同志社大学神学部から名誉博士号をもらいました。金井先生が最近「釜ヶ崎に来てずっと四〇年近くいたこと、これがぼくの人生でいちばんいいことだった。とにかく私は釜ヶ崎が好きなんだよ。一番失敗したなと思ったことは、同志社大学から名誉博士号をもらっちゃったことだ」といっておられました。もらうときは子どものように喜んでらっしゃったんですが、後になってみると、やはりそれはもらわない方がよかったことだなと。

その金井先生が、この釜ヶ崎で学んだことは何か。彼は牧師ですから、それを「祈り」というい方をしています。「祈り」という言葉が嫌いな方は、「思い」「心の叫び」であると聞いていただいてもいいのですが、彼は私が来たときにこのような思いを持っていました。それは、「釜ヶ崎に、韓国のために、法律の分かる人を派遣してください」という思いだったのです。「釜ヶ崎に」というのは、先ほどから紹介しているこの日雇い労働者と、そして見捨てられた街——金井先生は「逃れの街」というように釜ヶ崎を考えています。アジアや日本の各地から、いろいろな理由があってその場所にいられなくなった人たちが逃れてきて、そこで何とか生活をしている街。家族からも離れ、アルコール中毒症になり、結核になり、怪我をし、働けなくなり、そしてホームレスになっていく街。しかしそこで何とか人間として生きていく街。これを釜ヶ崎と彼は呼んでいると思います。

「韓国のために」という言葉がついているのはなぜか。これは私は最初は、釜ヶ崎の中でもまだビザもない、オーバーステイで、不法残留でいつ送還されるか分からない、強制送還、追い返されるか分からない状態にある労働者が、いちばん不安定な立場にある。釜ヶ崎の中でも最も釜ヶ崎的な部分が、アジアの中、特に多かったのが韓国から来ていらっしゃる労働者の方ですから、そのためだと考えていました。しかし最近は、もっと違った意味があるのではないかと考えています。とにかく韓国のために法律の分かる人を派遣してくださいという思いを持っていました。金井先生はこのように関西大学に来て「法律の分かる人来てください」とは募集しませんでしたが、そういう思いを持ち続けておられたそうです。

これは一つは、金井先生がずっとやってきた入国管理の問題、日本に永年おられて、しかしその根っこを抜かれて強制送還される問題、あるいはそういったことに怯えながら過酷な労働に耐えている韓国やアジアの労働者のことを考えると、そこは全くの無法状態であることが分かります。

総理大臣という地位でも内心の自由を主張できる強さを持った人の対極にある、何もいえない、「とにかく帰れ」といわれてしまう、そういった全くの無法状態のところにこそ法律の光が必要なのではないか、当たり前の法の保護を受ける必要があるのではないかということを金井先生は考えられたのだと思います。

私が金井先生にこのことについていろいろお話をしたことはありません。金井先生はあまり大学の先生のように具体的に一つひとつのことを長々と話してくれる人ではありません。自分の人生の中で、一緒に歩いて来る者のみが学べるという類の先生であります。そして私はこの金井先生の祈りの中で、「あぁ、こんなことを金井先生は考えているんだ」ということを、もう少しの時間、そろそろ長くなってきましたけれどもお話ししたいと思います。

韓国・朝鮮の「恨《ハン》」を知ること

金井先生のとても好きな詩があります。この詩は日本の同志社大学に留学してきた韓国人の尹《ユン》東柱《トンジュ》という人が書いた詩です。戦前の一九四三年ごろ日本の立教大学に来て、同志社大学の文学部に入られて、英文学を勉強されました。その当時の名前は平沼東柱。創氏改名といって、日本の名前でしか留学ができなかった。どうしても留学したいから、平沼という名前を名乗った。本当は尹東柱さんという名前です。

彼は一九四三年に、同志社大学在学中、治安維持法違反で鴨川警察に捕まり、二年の実刑判決を受けました。その服役中の一九四五年二月一六日に、福岡刑務所で死んでいます。一説には拷問で殺されたといわれています。その彼がなぜ治安維持法違反に問われたかというと、日本語ではなく、彼の国の言葉であるハングル、韓国語で詩を書いた。これが朝鮮独立運動に繋がるということで治安維持法に問われました。そのとき彼がどんな詩を書いていたか、残念ながら警察によって処分され、残っていません。彼が日本に来る前に書いた詩の中で、韓国では中学生になるとほとんど教わるという有名な詩ですが、本当にきれいな詩があります。私は残念ながら片言のハングルもしゃべれませんので、まずハングルで読んでみるということができません。本当はこの趣旨からすればハングルを使いたいのですが、日本語の訳で読ませていただきます。

序　詞　　　　　　　　尹東柱

死ぬ日まで空を仰ぎ　一点の恥もないように
木の葉をそよぐ風にも　私は苦しんだ
星をうたう心で　すべての死んでいくものを愛おしまねば
そして私に与えられた道を歩いていかなければ
今宵も星が風にこすられる

彼はこの詩を残して死にました。最後のところ、「今宵も星が風にこすられる」。これは厳しい大日本帝国、日帝の統治時代にあった韓国の人たちが、将来の自分の希望、自分たちの国の言葉で自分たちの生活ができる、自分たちのために働くことができる、強制連行で働くのではなくて、そういうことができるということを詠った詩ですが、ここには非常に大きな希望が込められていると思います。「星が風にこすられる」、原語ではこれを「パラメ・スチウンダ」「風がこする」という言葉を使っていますが、星は本当は風になどこすられません。寒い夜空の星を見ていると、風が吹いて、星がこすられ削られていくように私たちの希望は消えるようにも思いますが、星は遥か彼方にあって、風など手の届かないところにあるのです。そういった高き理想を詠ったこの尹東柱の詩のように、日帝の支配は終わり、朝鮮に独立がもたらされました。しかし、実はこの日帝の植民地支配は、確かに朝鮮半島では終わりましたが、私たちのこの社会では、引き続き同じように続いています。

実は私の母方の祖父はこの尹東柱を捕まえた特高警察——場所は違うところで働いていましたが、特別高等警察の内鮮係——でした。これは、三〇歳を過ぎてから、母から聞いた話です。

植民地から強制的に連れて来られた人たち、あるいは自分の意思ではなく、畑を取り上げられて余儀なくされて日本に来た人たち、そういう人々を、強制連行した日本の「内地」といわれていた場所で一人残らず登録して監視していたという事実があります。これをやっていたのが私の祖父でした。その祖父がやっていたことは確かに終わりました。特高警察内鮮係というのはありません。

しかし、監視は今も続いています。

私の連れ合いは一五年前に韓国のソウルから日本の大学に入るために留学に来て、今では法律にかかわる仕事をしています。私の母も実は警察官で、少年を補導する係でした。

その母が、私の連れ合いに最近こんなことをいったそうです。「私は警察官だった頃に、どこに韓国の人、在日の人が住んでいるか全部知っていた」。在日の人は警察官にはなれません。それだけではなく、現在私たちのこの社会において、そういった監視が今でも、外国人登録だけではなくて行なわれている。そういった事実を私たちは真理として知らなければなりません。

人間が人間として生きられない、正義が踏みにじられるのは、いじめられたり、本当につらい思いをしたり、セクシャル・ハラスメントを受けたり、そういうことも本当に大事なことですが、本人のいわれのないことが何代も、親から孫の代に続いていく（そのような苦しみをハングルでは、「恨」というそうです）。

そういった社会的なゆがみこそ、我々が法律を学ぶ者としてまず知らねばならないことです。そして是正していかなければならないことなのだと思います。金井先生が「韓国のために」といった意味には、最もかわいそうな人たちだからということではなくて、実は私たちの社会が最もそのために働かなければならない、そして初めて自分を人間と呼ぶことができる、私の祖父や母たちが犯してきた罪を少しでも償うことができるという意味が込められているのではないかと思います。

諸君の中にも、今日ここに座って、とても幸福で、入学が楽しいという方もいらっしゃるでしょうし、いろいろな理由から、残念ながら喜びも半分だという方もいらっしゃるかと思います。

特に後者の方に最後に餞の言葉を贈りたいと思います。私たちが大学で真理を学び、その真理が特に正義にかかわることであったならば、その真理に至る唯一の道は、苦難を通してしかないということなんです。

私たちは表面に真理がないことを知っています。私たちがこれまでに知っていた大学や友だち、そして社会は、表面では美しいものに見えたでしょうけれども、少しでもその中身を知ったときに、私たちは失望をします。その失望を既に味わっている人は、ここにいて楽しくないという思いを心の中にもしかして持っていらっしゃる方だと思います。

でも、もし自分に降りかかっているその何か、例えば自分の愛する人が自分と同じ性に属するということは、本当に大事なことであるけれども、今の社会では残念ながら本当につらい思いをしなければならない部分を含んでいるのだと思います。そのようないろいろな例はいちいち挙げませんが、そういった私たちの社会で、なぜそのように私が苦しまなければならないのだろうか、私の親がなぜそのように苦しまなければならなかったのかと問い始めることから、実は真理の探究が始まるのだと思います。

もしそのような問いもなく、ただ法律や学説や判例を憶えたって、それは決して正義への探求の道を歩み始めたことにはなりません。すでにそういった道を残念ながらというか、早く歩み始めてしまった諸君には、「おめでとう」と私はいいたいと思います。

私はそれが三六歳と少し遅すぎるくらいでした。その正義の道を歩んでいく過程で、きっと今日私を紹介してくれた小泉先生や他の先生方の中から、みなさんが真理をともに語る教授や仲間に出会えると思います。そのことを祈って私の講演の結びとしたいと思います。ご清聴ありがとうございました。

この話に興味を持っていただいた方のために、参考文献を挙げさせて下さい。

一　大学がアカデメイアということについては、林竹二『若く美しくなったソクラテス』（田畑書店、一九八三年）

二　「出エジプト」と民の「契約」ということについては、マイケル・ウォルツァー〔荒井章三 訳〕『出エジプトと解放の政治学』（新教出版社、一九八七年）

三　尹東柱とその詩については、日本基督教団出版局 編『死ぬ日まで天を仰ぎ』（日本基督教団出版局、一九九五年）

四　真理に至る唯一の道は、苦難を通るものであるいうことについては、パウル・ティリッヒ〔後藤真訳〕「地の基ふるいうごく」（新教出版社、一九五一年）、特にその中の「実存の真淵」

あとがき

本書の作成において、お世話になった方に御礼を申し上げることで本書の幕を閉じさせていただきたい。

まず何よりも、「不平等の謎」の根源的問いを、私に直接突きつけて下さった、日本基督教団布施教会の金顕球牧師に御礼を申し上げたい。

金牧師は、この四年間私に、パウル・ティリッヒの哲学・神学を、人生の苦難の中で学ぶべき生き方をご自身で示しながら、教えて下さったからである。

次に「不平等の謎」について、青森のイタコや津軽三味線の文化を弾圧する「基督教」ではなく、そこから「人間の尊厳」を学ぼうとする生き方を通して教えて下さった弘前在住の石沢陽子牧師にも御礼を申し上げたい。

釜ヶ崎での法律相談を支えて下さっている、釜ヶ崎解放会館の稲垣浩氏に感謝する。稲垣氏は、悪評を建てられて深く傷つけられても意に介せず、労働者のために同胞として働き続けている人である。

いつも、一緒に相談をして下さる龍谷大学法科大学院の金尚均《キムサンギュン》教授にも御礼を申し上げたい。金教授は、法律相談において、労働者にアドバイスする以前に話しを真剣に聞くことの大切さを改めて気づかせて下さった方である。

住吉法律相談に私を招聘して下さり、相談を共にして下さる、住吉人権文化センターの前田雅之氏にも感謝する。住吉の住民として私たちの家族を受け入れるだけでなく、人生の厳しさから学んだ限りない優しさでいつも私たちを励まして下さる矢野忠雄氏と矢野恵氏にも感謝させていただきたい。

私を新宮の被差別部落から釜ヶ崎へ連れて来て下さった、桃山学院大学の沖浦和光名誉教授にも感謝したい。

一九九八年開設した西成法律事務所の共同事業者であり、私に人生の深さを教えてくれる連れ合いの李鍾和と、カラヤンではなくギュンター・ヴァントの指揮者としての生き方に共鳴し始めた、息子の遠藤愛明にも感謝する。

口述筆記をするという緊張をしいられつつ、殆んど雑談に終る私の話を一〇年以上も聞いて下さる秘書の岩田優子氏にも感謝申し上げたい。

編集者として、私を励まし、本書の完成に導いた法律文化社の掛川直之氏にも感謝する。

本書は、生涯を「不平等の謎」からの問い掛けに応じることに捧げ、二〇〇七年一一月一二日に逝去された金井愛明牧師に献呈させていただきたいと思う。

しかし、金井牧師は、人知れず死んでいく人々の中で自分だけ特別扱いするなと仰っていた。

そこで、本書は、金井愛明牧師と釜ヶ崎の労働者に献呈することにする。

二〇一〇年三月一日住吉にて

遠藤　比呂通

■著者紹介

遠藤 比呂通（えんどう ひろみち）

1960年生まれ
1984年 東京大学法学部助手（～1987年）
1987年 東北大学法学部助教授〔憲法講座〕（～1996年）
現在，弁護士（西成法律事務所）／憲法研究者

〈主要著書〉
『自由とは何か――法律学における自由論の系譜』（日本評論社，1993年）
『市民と憲法訴訟』（信山社，2007年）

Horitsu Bunka Sha

不　平　等　の　謎
憲法のテオリアとプラクシス

2010年５月３日　初版第１刷発行

著　者	遠藤比呂通
発行者	秋山　　泰
発行所	株式会社 法律文化社
	〒603-8053 京都市北区上賀茂岩ヶ垣内町71 電話 075(791)7131/FAX 075(721)8400 URL:http://www.hou-bun.co.jp/
印　刷	西濃印刷㈱
製　本	㈱藤沢製本
装　幀	白沢　正

ISBN978-4-589-03260-7